엄마가 골라주는

초등 알파벳 파닉스

지은이 **김주영**

지은이는 학생들이 '선생님, 영어가 정말 재미있어요!'라는 말이 제일 듣기 좋다는 똑부러지는 선생님이다. 주입식 영어교육은 이제 그만! 어린이들이 쉽고 재미있게 영어를 배울 수는 없을까? 어떻게 하면 영어에 흥미를 가질 수 있을까? 매일이 고민인 영어 선생님이자 열혈 엄마로서, 재미없는 수동적 영어 공부가 아닌 다양한 자료를 활용한 능동적이고 재미있는 영어 학습서 개발에 힘쓰고 있다.

저서

엄마가 골라주는 초등 알파벳 파닉스

엄마가 골라주는 끼리끼리 초등 영단어

영어시험 만점받는 초등필수 영단어 1000

영어시험 만점받는 초등 영단어 사전

영어시험 만점받는 초등 주제별 영단어

영어시험 만점받는 초등영어 스피킹 패턴

엄마가 골라주는

초등 알파벳 파닉스

2021년 07월 15일 초판 01쇄 인쇄
2024년 11월 10일 초판 12쇄 발행

지은이 김주영
발행인 손건
편집기획 김상배, 장수경
마케팅 이언영, 유재영
디자인 이성세
제작 최승용
인쇄 선경프린테크

발행처 ***Lan****Com* 랭컴
주소 서울시 영등포구 영신로 34길 19, 3층
등록번호 제 312-2006-00060호
전화 02) 2636-0895
팩스 02) 2636-0896
홈페이지 www.lancom.co.kr

ISBN 979-11-89204-88-4 63740

이 책은 이렇게 만들어졌어요~~

파닉스(Phonics)란 발음을 중심으로 영어를 학습하는 방법이에요. 즉, 글자가 가지고 있는 본래의 소리를 익히고 그 소리를 조합하여 단어를 익히는 규칙을 말하죠. 한글에서도 각각의 낱글자가 조합되어 하나의 소리를 이루듯이 영어도 마찬가지로 이러한 원리를 갖고 있어요. 파닉스의 원리를 제대로 이해하고 익히면 단어를 쉽게 읽을 뿐만 아니라 빠르게 습득할 수 있죠. 이 책은 알파벳은 물론 파닉스를 쉽게 익힐 수 있도록 다음과 같이 꾸몄어요.

Part 1 알파벳 소리와 쓰기

영어 알파벳은 26글자로 각 글자마다 이름과 소리(Sound)가 따로 있어요. 여기서는 알파벳의 이름과 소릿값은 물론, 대문자와 소문자를 쓰기 순서에 맞추어 정확하게 쓸 수 있도록 했어요. 그리고 소릿값은 제시된 6개의 단어를 통해 그 발음을 확인하면서 공부할 수 있죠.

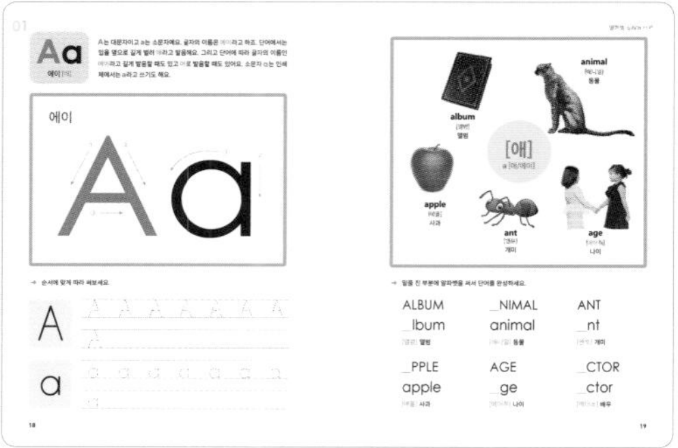

Part 2 단모음

단모음이란 a e i o u가 알파벳 이름과 다르게 소리가 나는 모음을 말해요. 모음이 단어의 맨 앞이나 자음 글자 사이에 올 때는 단모음으로 소리가 나죠. 음절이란 발음이 되는 가장 작은 단위로 영어의 모음에 해당하는 알파벳이 하나면 1음절, 둘이면 2음절이 되어요.

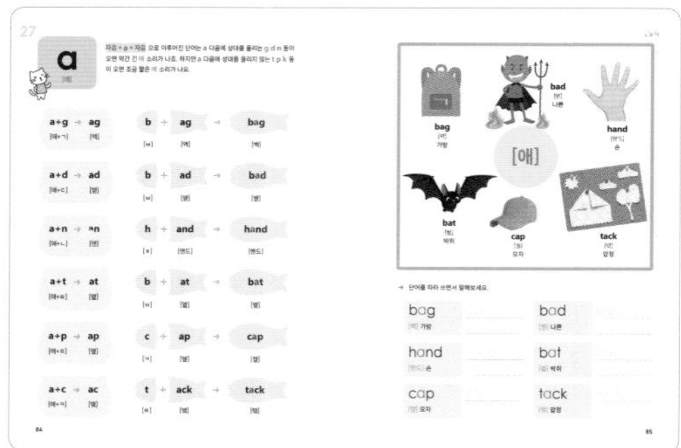

Part 3 장모음

장모음이란 단모음 a e i o u를 좀 더 길게 소리 내는 것을 말해요. 장모음은 단모음과 달리 a e i o u가 알파벳 이름과 똑같이 소리가 나죠. 1음절 단어에 두 개의 모음 글자가 있을 때 첫 모음 글자는 알파벳 이름과 똑같은 소리를 내며 뒤의 모음 글자는 소리를 내지 않아요.

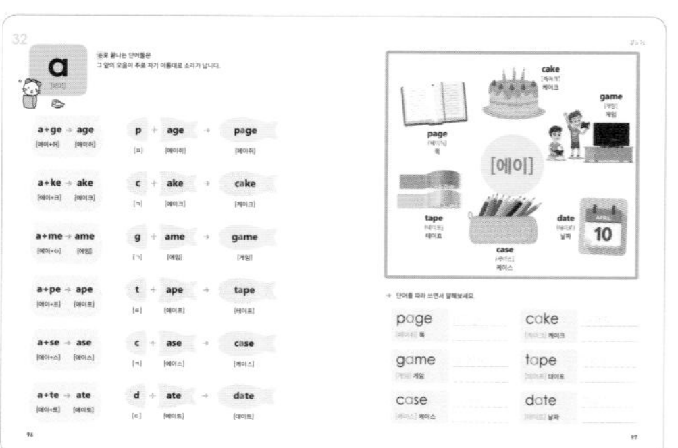

Part 4 이중자음

자음은 모음 a e i o u를 제외한 나머지 알파벳을 말해요. Part 01에서 알파벳과 소리를 배우면서 자음은 배웠기 때문에 여기서는 따로 다루지 않고 이중자음만 다루기로 했어요. 이중자음은 자음 두 개가 나란히 붙어 소리를 내는 것을 말해요.

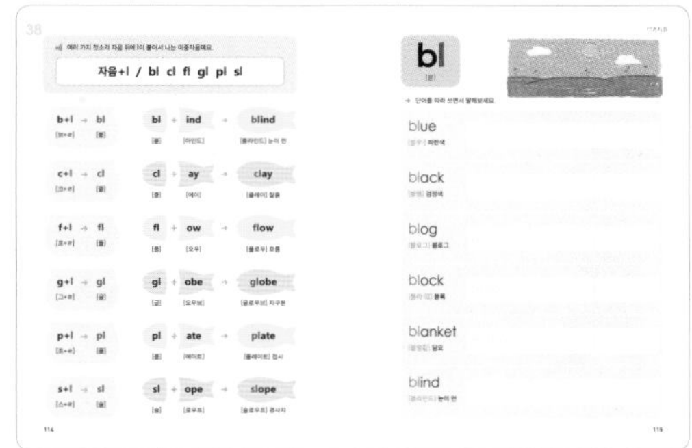
자음+l / bl cl fl gl pl sl

b+l → bl	bl + ind	→	blind
c+l → cl	cl + ay	→	clay
f+l → fl	fl + ow	→	flow
g+l → gl	gl + obe	→	globe
p+l → pl	pl + ate	→	plate
s+l → sl	sl + ope	→	slope

bl

blue
black
blog
block
blanket
blind

Part 5 이중모음

이중모음이란 모음 두 개가 나란히 붙어 있는 것을 말해요. 단모음은 발음하는 동안 음의 성질이 바뀌지 않아요. 하지만, 이중모음은 한 음절에서 다른 지점으로 연속으로 미끄러져 가면서 합쳐지는 소리예요.

ai ay ee ea ie ie oa ow ou ow

a+i → ai	n + ail	→	nail
a+y → ay	g + ray	→	gray
e+e → ee	m + eet	→	meet
e+a → ea	r + ead	→	read
i+e → ie	l + ie	→	lie
i+e → ie	p + iece	→	piece
o+a → oa	b + oat	→	boat
o+w → ow	wind + ow	→	window
o+u → ou	h + ouse	→	house
o+w → ow	t + own	→	town

ai

rain
mail
train
nail
paint
snail

Part 6 묵음

묵음이란 단어에는 분명히 글자가 있지만 실제로는 소리가 나지 않는 것을 말해요. 지금 우리가 묵음으로 알고 있는 단어들은 본래 발음을 했어요. 세월이 흘러 발음하기 힘든 것들을 생략하면서 그 편리함 때문에 묵음으로 변하기 시작했죠.

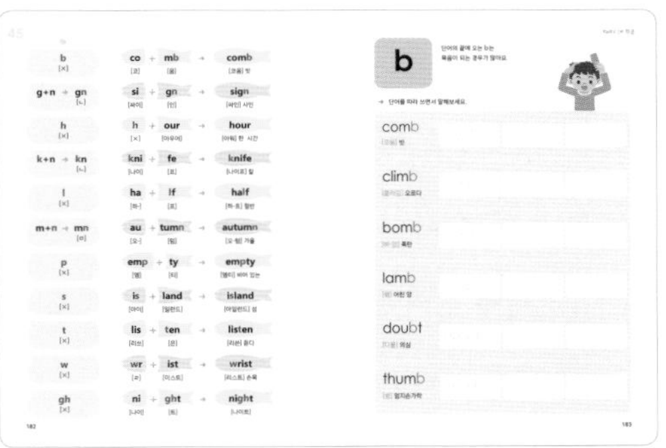
b	co + mb	→	comb
g+n → gn	si + gn	→	sign
h	h + our	→	hour
k+n → kn	kni + fe	→	knife
l	ha + lf	→	half
m+n → mn	au + tumn	→	autumn
p	emp + ty	→	empty
s	is + land	→	island
t	lis + ten	→	listen
w	wr + ist	→	wrist
gh	ni + ght	→	night

b

comb
climb
bomb
lamb
doubt
thumb

Part 7 발음기호

영어 단어를 읽기 위해서는 일정한 발음 규칙이 필요해요. 이것을 기호로 나타낸 것이 발음기호죠. 발음기호는 괄호[ ] 안에 표기를 하며 이러한 발음 기호가 어떤 소리를 내는지 알면 단어를 정확하게 읽을 수 있어요.

※ 단, 파닉스를 제대로 익히면 발음기호 없이도 단어를 읽고 쓸 수 있답니다.

이 책에 나오는 모든 영어 단어는 한글로 그 발음을 표기해두었어요. 아주 정확한 발음은 아니지만 한글로 표기된 발음을 통해 영어 발음을 쉽게 접근할 수 있어요. 물론 무료로 제공하는 원어민이 녹음한 MP3 파일을 통해 보다 정확한 발음을 익히는 게 중요해요.

CONTENTS

Part 1 알파벳 소리와 쓰기

Part 2 단모음

Part 3 장모음

Part 4 이중자음

Part 5 이중모음

Part 6 묵음

Part 7 발음기호

>> 알파벳 이름 <<

알파벳의 대문자와 소문자

위의 알파벳 문자표 왼쪽에 있는 A B C D E F G H I J K L M N O P Q R S T U V W X Y Z를 대문자라 하고, 오른쪽에 있는 a b c d e f g h i j k l m n o p q r s t u v w x y z를 소문자라고 해요.
원래는 대문자밖에 없었으나 쓰기가 불편하고 문장의 구분하기 위해 소문자가 생겨났다고 해요.

>> 알파벳 소리 <<

Aa	Bb	Cc	Dd
[애]	[브]	[크]	[드]
Ee	**Ff**	**Gg**	**Hh**
[에]	[프]	[그]	[흐]
Ii	**Jj**	**Kk**	**Ll**
[이]	[쥐]	[크]	[르]
Mm	**Nn**	**Oo**	**Pp**
[므]	[느]	[오]	[프]
Qq	**Rr**	**Ss**	**Tt**
[쿼]	[뤄]	[스]	[트]
Uu	**Vv**	**Ww**	**Xx**
[어]	[브]	[워]	[크스]
Yy	**Zz**		
[이]	[즈]		

>> 알파벳 단어 읽는 법 <<

ㄱ + ㅐ → 개

[기역 애] [개]

d + o + g → dog

[디 오 지] [독]

우리말에 '개'를 '기역, 애'라고 따로 떼어서 읽지 않듯이 영어에서도 dog을 '디, 오, 지'라고 읽지 않고 '독'이라고 읽죠.

알파벳은 '소리'를 나타내는 문자예요. 그러므로 문자 그 자체를 읽는 것이 아니라, 그 문자가 단어의 일부 되었을 때 읽는 법을 아는 것이 매우 중요해요. 즉, 우리말에서 ㄱ, ㄴ, ㄷ, ㄹ... 등의 자음과 ㅏ,ㅑ,ㅓ,ㅕ,ㅗ,ㅛ... 등의 모음이 합쳐져 하나의 음절을 이루고, 그 음절이 모여 단어가 되듯이 영어도 마찬가지예요.

모음

Aa	Ee	Ii	Oo	Uu
map [맵] 지도	**pen** [펜] 펜	**sit** [씻] 앉다	**toy** [토이] 장난감	**cup** [컵] 컵

자음

B b	**boy** [보이] 소년	C c	**cat** [캣] 고양이	D d	**duck** [덕] 오리
F f	**fish** [피쉬] 물고기	G g	**girl** [걸] 소녀	H h	**hat** [햇] 모자
J j	**jelly** [젤리] 젤리	K k	**king** [킹] 왕	L l	**lion** [라이언] 사자
M m	**money** [머니] 돈	N n	**name** [네임] 이름	P p	**pig** [피그] 돼지
Q q	**queen** [퀸] 여왕	R r	**rock** [락] 바위	S s	**sun** [썬] 태양
T t	**tiger** [타이거] 호랑이	V v	**vase** [베이스] 꽃병	W w	**window** [윈도우] 창문
X x	**box** [박스] 박스	Y y	**yellow** [옐로우] 노랑	Z z	**zoo** [주] 동물원

다음 알파벳은 위의 소릿값과 다르게 읽는 경우도 있어요.

C c	**city** [씨티] 도시	G g	**orange** [오린쥐] 오렌지	S s	**rose** [로즈] 장미

>> 파닉스 발음 차트 <<

단모음

a	e	i	o	u
[애]	[에]	[이]	[아]	[어]

장모음

a	e	i	o	u
[에이]	[이–]	[아이]	[오우]	[유우]

이중모음

ai, ay	ee, ea	ie	oa, ow	ou, ow
[에이]	[이–]	[아이/이–]	[오우]	[아우]

oi, oy	oo	au, aw	ew, ui, ue
[오이]	[우/우–]	[오–]	[우–/유–]

ar	or	or, ir er, ur
[아–ㄹ]	[오–ㄹ]	[어ㄹ/어–ㄹ]

이중자음

ch	sh	th	wh
[취]	[쉬]	[쓰/드]	[우]

bl	cl	fl	gl	pl	sl
[블]	[클]	[플]	[글]	[플]	[슬]

br	cr	dr	fr	gr	pr	tr
[브뤄]	[크뤄]	[드뤄]	[프뤄]	[그뤄]	[프뤄]	[트뤄]

sc	sk	sm	sn	sp	st	sw
[스크]	[스크]	[스므]	[스느]	[스프]	[스트]	[스우]

_ng	_nk	_nd	_nt	_ck
[응]	[응크]	[은드]	[은트]	[윽크]

Part

1

알파벳 소리와 쓰기

Alphabet Sounds

a	b	c	d	e	f	g
h	i	j	k	l	m	n
o	p	q	r	s	t	u
v	w	x	y	z		

우리의 한글처럼 영어에서는 글자의 이름을 알파벳이라고 해요.

알파벳(alphabet)은 영어를 표기할 때 사용하는 문자로 26개의 글자가 있어요. 같은 이름과 소리를 갖는 대문자와 소문자가 있는데, 대문자는 문장의 첫 글자와 고유명사에 주로 쓰이죠.

01

이 글자의 이름은 에이라고 해요. 왼쪽은 대문자 오른쪽은 소문자이죠. 단어에서는 입을 옆으로 길게 벌려 애라고 발음해요. 단어에 따라 글자의 이름인 에이라고 길게 발음할 때도 있고 어로 발음할 때도 있어요.

소문자 ɑ는 인쇄체에서는 a라고 쓰기도 해요.

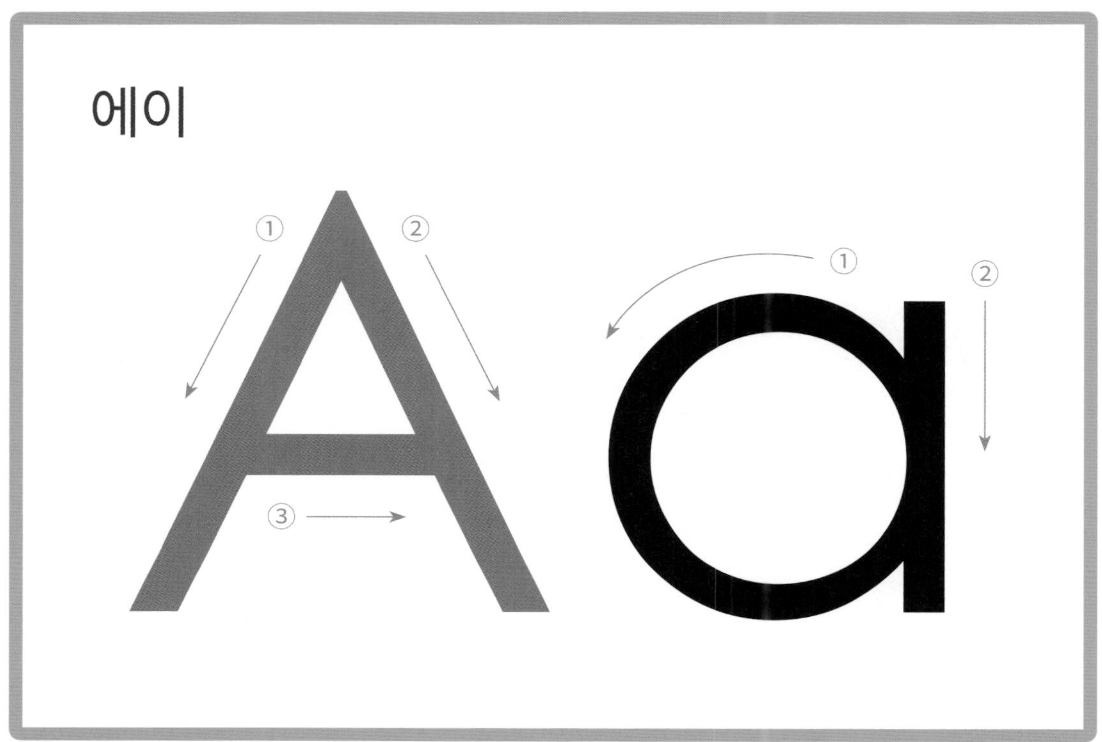

➜ 순서에 맞게 따라 써보세요.

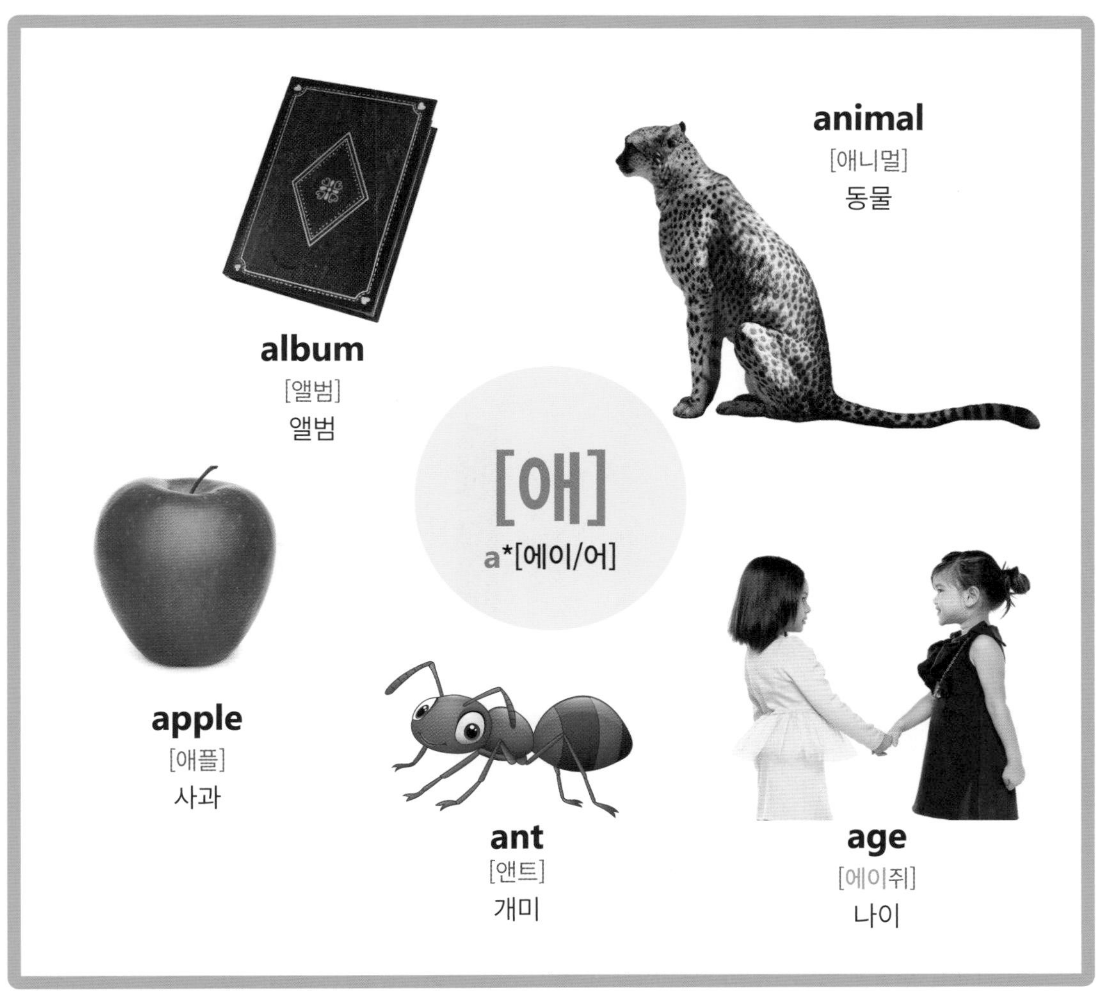

➜ 녹음을 듣고 밑줄 친 부분에 알파벳을 써서 단어를 완성하세요.

ALBUM
_lbum
[앨범] 앨범

_NIMAL
animal
[애니멀] 동물

ANT
_nt
[앤트] 개미

_PPLE
apple
[애플] 사과

AGE
_ge
[에이쥐] 나이

_ROUND
_round
[어라운드] 주위에

02

비-는 알파벳의 이름이에요.
단어에서는 입김의 통로를 두 입술로 잠깐 막은 다음 갑자기 터뜨려 내는 소리로 우리말의 바보에서 보의 [ㅂ(비읍)]에 해당하는 소리가 나요.

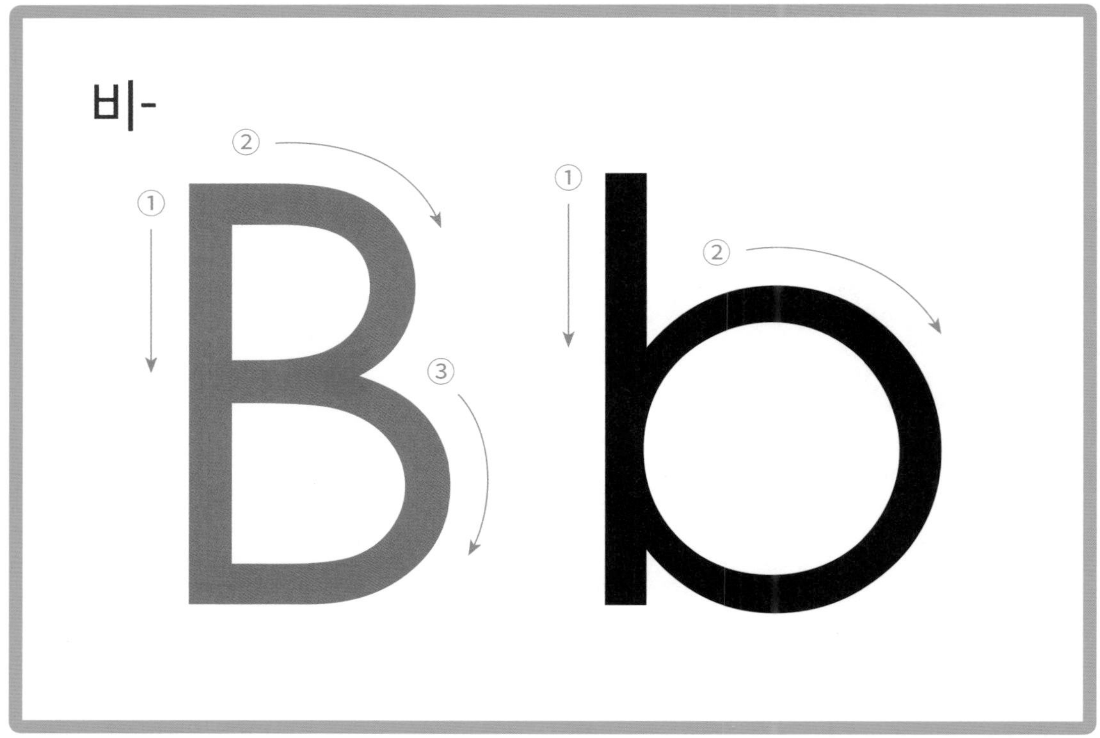

➜ 순서에 맞게 따라 써보세요.

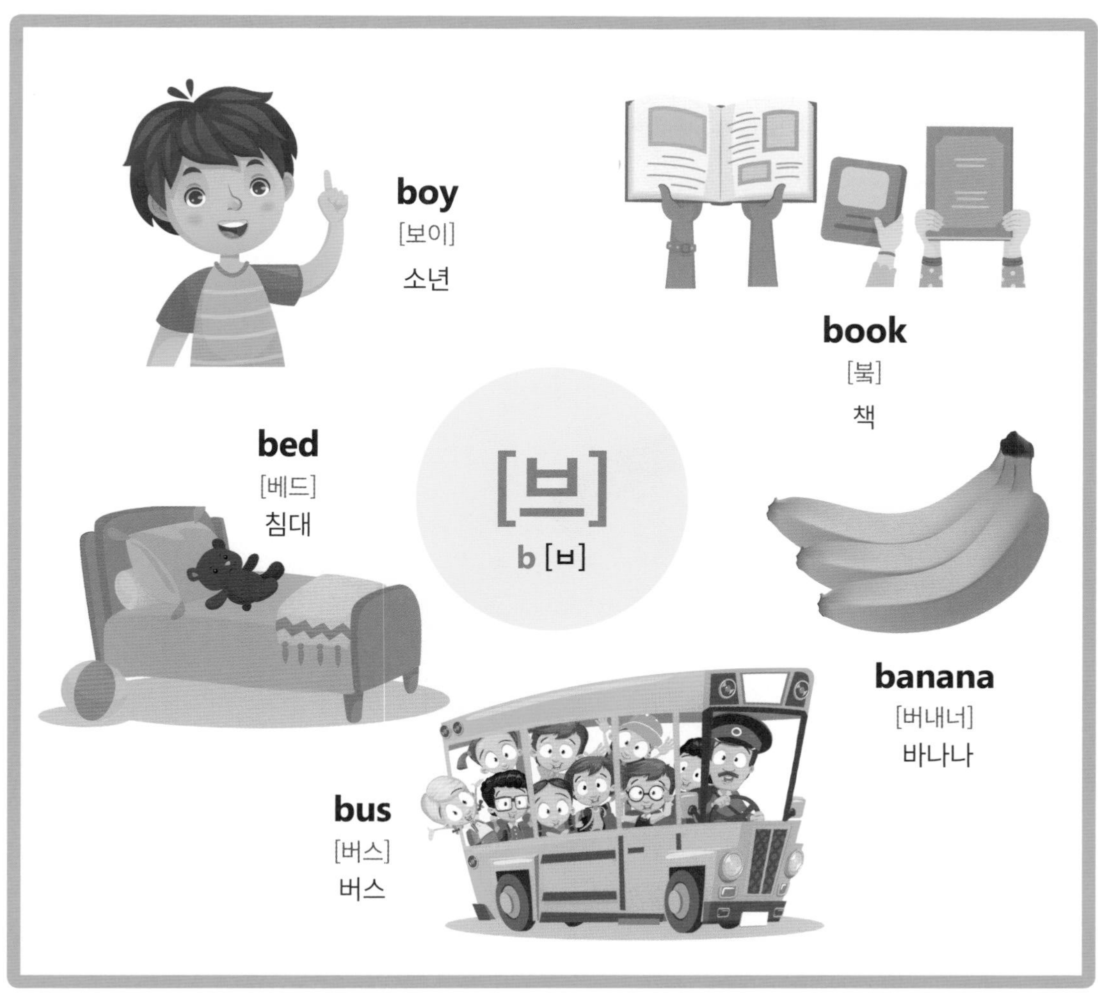

➜ 녹음을 듣고 밑줄 친 부분에 알파벳을 써서 단어를 완성하세요.

BOY	_OOK	BED
_oy	book	_ed
[보이] 소년	[북] 책	[베드] 침대
_US	BANANA	_READ
bus	_anana	_read
[버스] 버스	[버내너] 바나나	[브레드] 빵

03

이 알파벳의 이름은 씨-라고 해요.
실제로 단어에서는 우리말의 [ㅋ(키읔)]이라는 소리가 나지만, 단어에 따라 부드럽게 [ㅆ(쌍시옷)]에 가까운 소리가 나는 경우도 있어요.

➜ 순서에 맞게 따라 써보세요.

➜ 녹음을 듣고 밑줄 친 부분에 알파벳을 써서 단어를 완성하세요.

CAR	__AT	CUP
__ar	cat	__up
[카-ㄹ] 자동차	[캩] 고양이	[컾] 컵
__AKE	CITY	__OIN
cake	__ity	__oin
[케이크] 케이크	[씨티] 도시	[코인] 동전

04

이 글자의 알파벳 이름은 디-라고 해요.
아랫니를 약간 벌린 상태에서 혀끝을 윗니 뒤에 살짝 붙였다 떼면서 드라고 발음하며, 단어에서는 대체로 우리말의 [ㄷ(디귿)]과 같은 소리가 나죠.

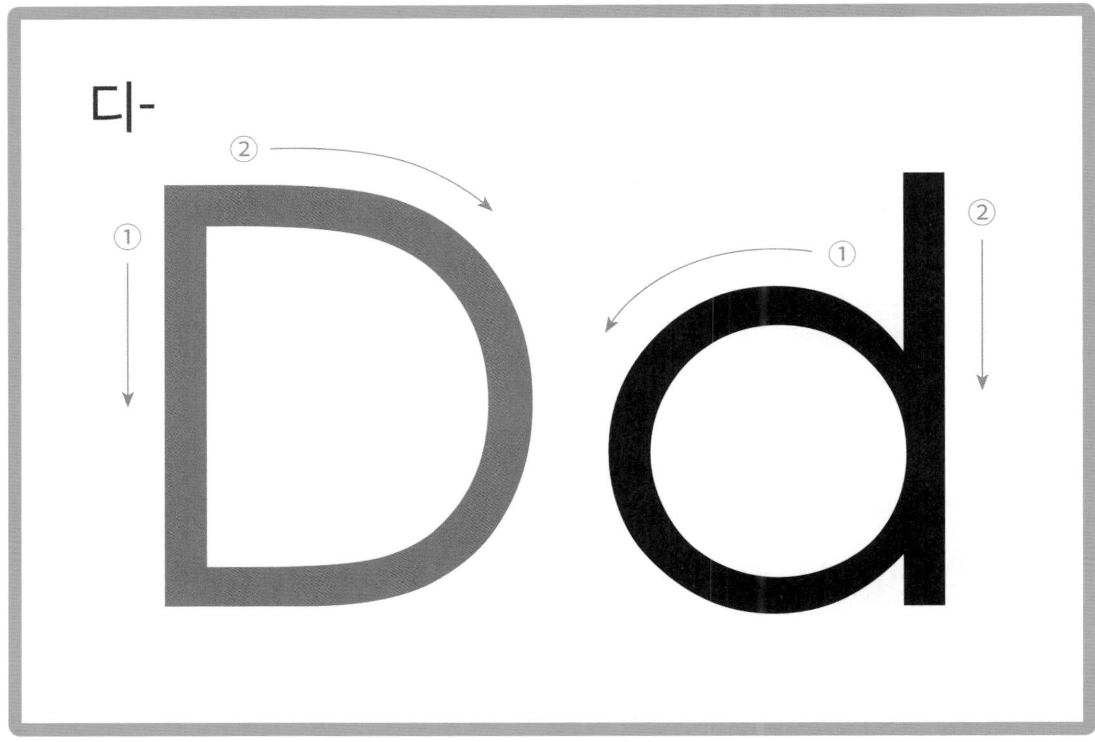

➜ 순서에 맞게 따라 써보세요.

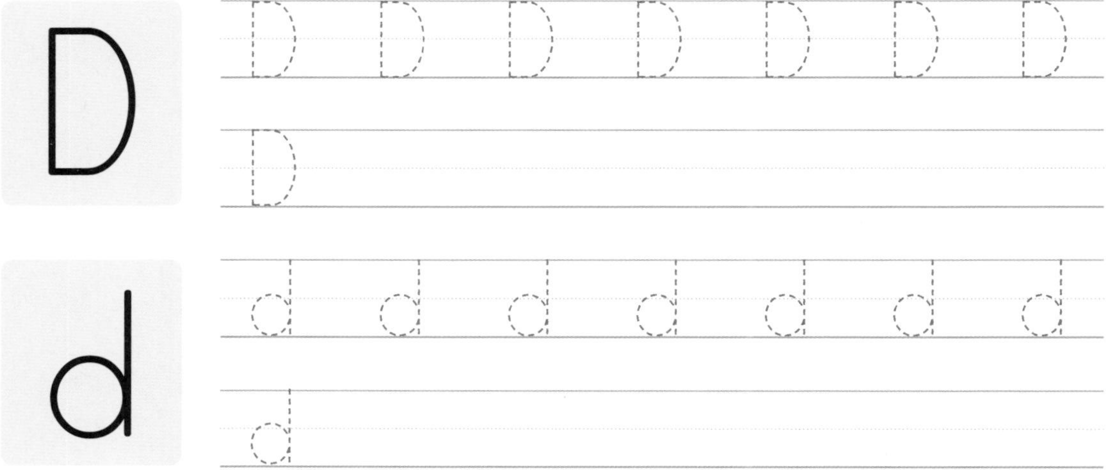

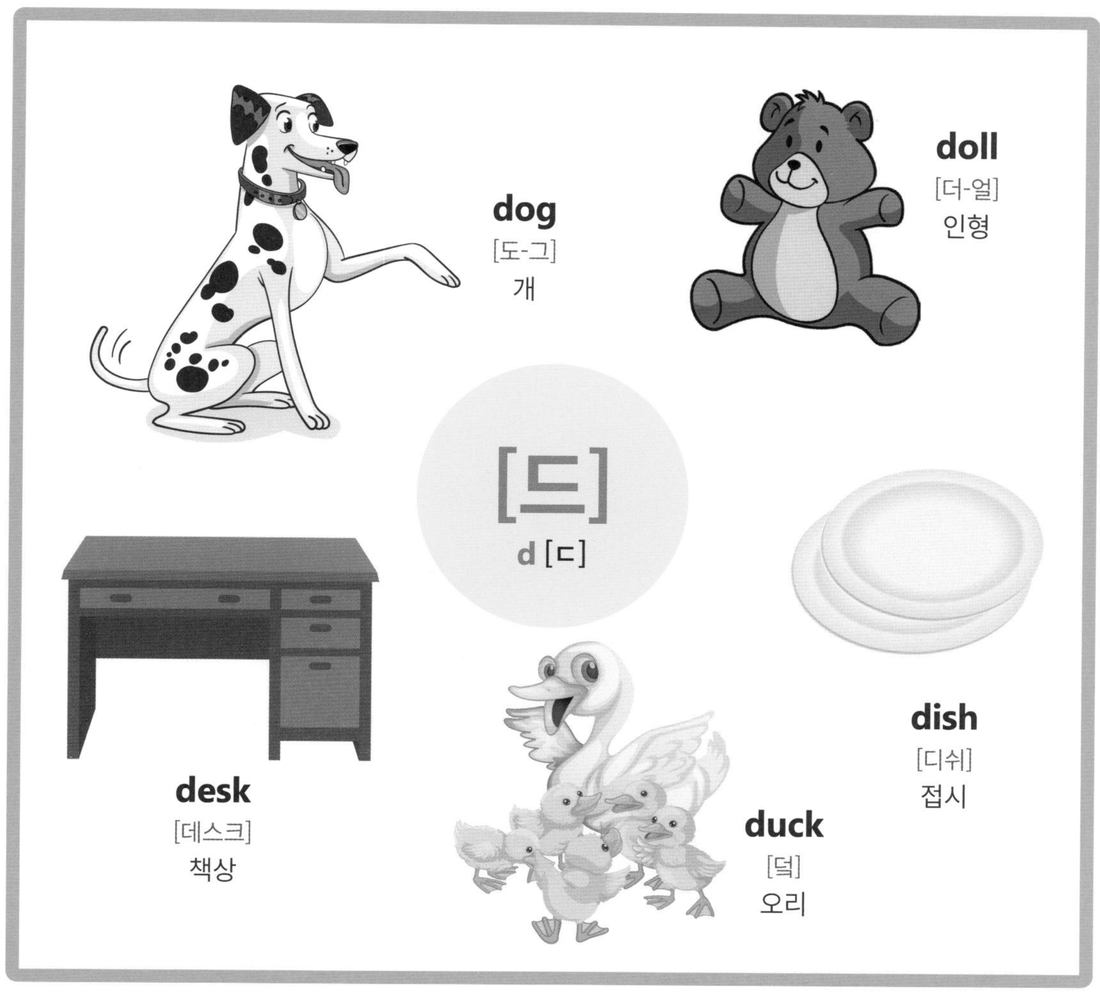

➜ 녹음을 듣고 밑줄 친 부분에 알파벳을 써서 단어를 완성하세요.

DOG	_OLL	DESK
_og	doll	_esk
[도-그] 개	[더-얼] 인형	[데스크] 책상
_UCK	DISH	_RUM
duck	_ish	_rum
[덕] 오리	[디쉬] 접시	[드럼] 북

다시 써보기 A ~ D

A부터 D까지 대문자를 써보세요.

A B C D

a부터 d까지 소문자를 써보세요.

a b c d

빈칸 채우기 A ~ D

 그림을 보고 단어에 맞는 알파벳을 빈칸에 써넣으세요.

___up

___uck

___lbum

___nimal

___oy

___at

___ity

___og

___oll

___ar

___us

___ed

___nt

___pple

___ook

___esk

05

이 글자로 이름은 이-라고 해요. **E**는 대문자이고 **e**는 소문자예요.
단어에서는 에 소리가 나며 앞에서 배운 **Aa**의 애 소리와 구분해야 해요.
단어에 따라서 알파벳 이름인 이 소리가 나는 경우도 있어요.

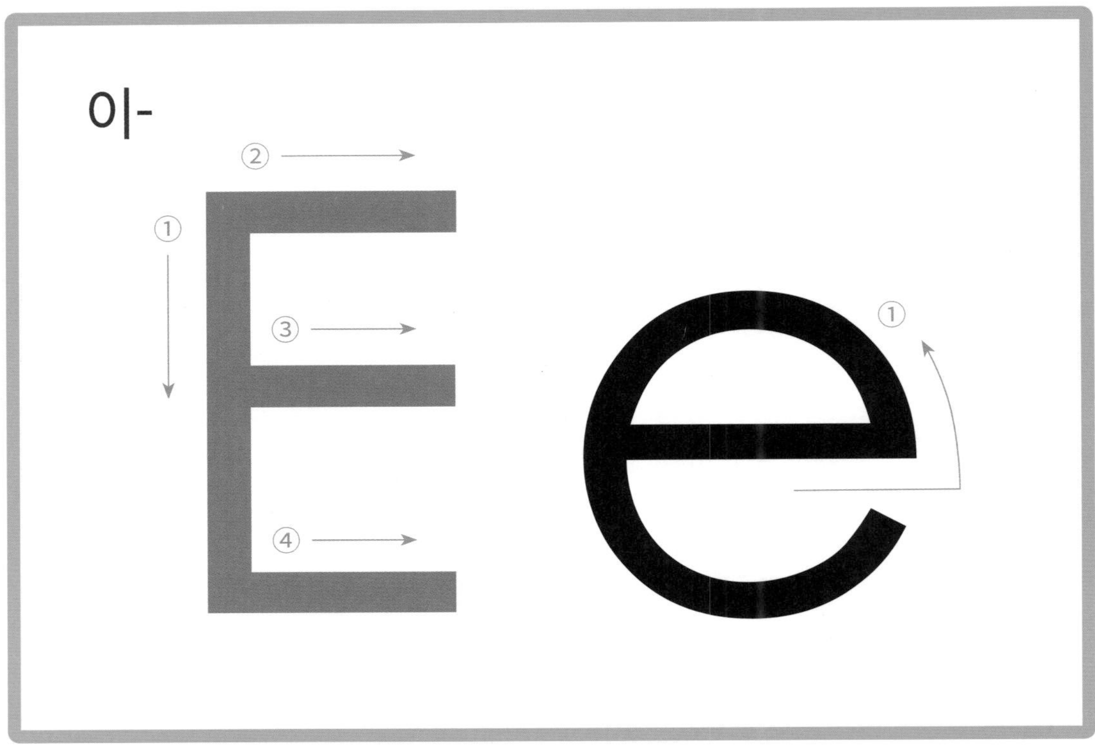

→ 순서에 맞게 따라 써보세요.

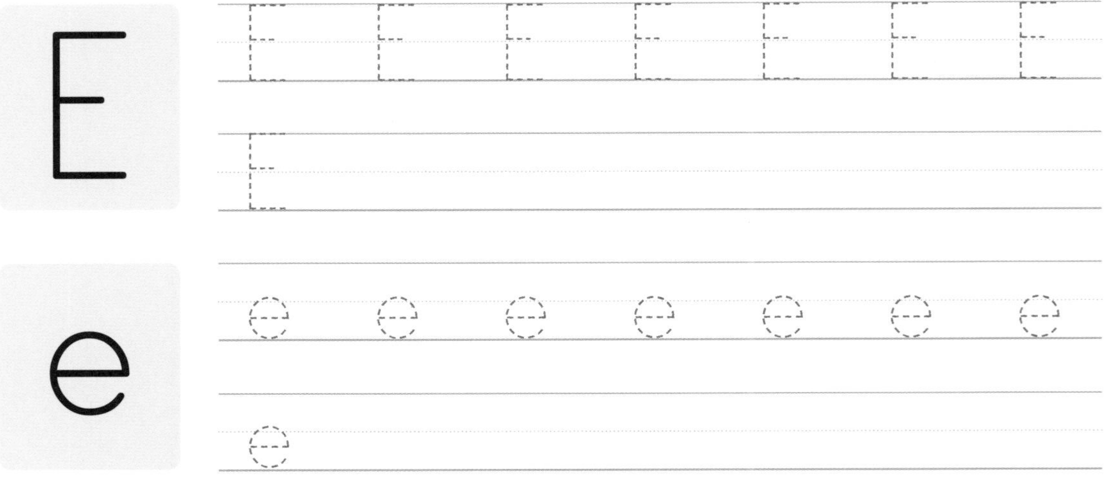

➔ 녹음을 듣고 밑줄 친 부분에 알파벳을 써서 단어를 완성하세요.

EGG	_LEPHANT	ELBOW
_gg	elephant	_lbow
[에그] 달걀	[엘러펀트] 코끼리	[엘보우] 팔꿈치
_LEVATOR	EAGLE	_AR
Elevator	_agle	_ar
[엘리베이터] 엘리베이터	[이-글] 독수리	[이어ㄹ] 귀

에프는 알파벳의 이름이에요.
단어에서는 프라고 발음해요. [ㅍ(피읖)]은 우리말에 없는 소리로 윗니 끝이 아랫입술에 닿을 듯 말 듯 대고 입김을 불어내면 비슷한 소리가 난답니다.

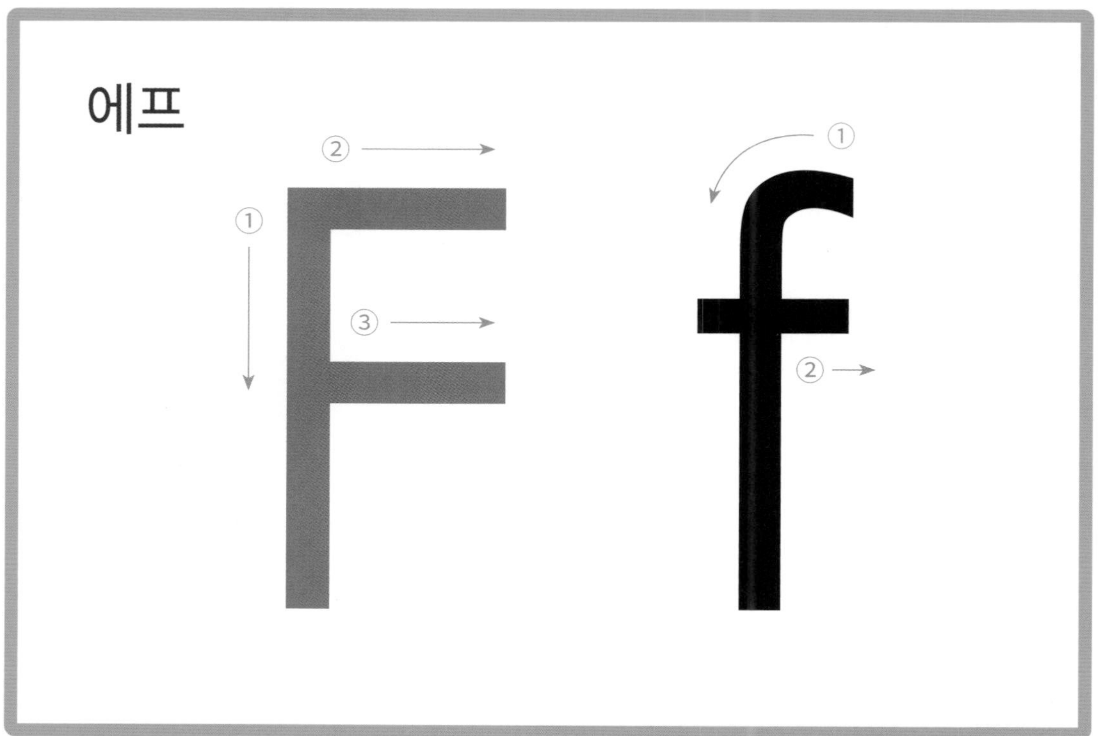

➜ 순서에 맞게 따라 써보세요.

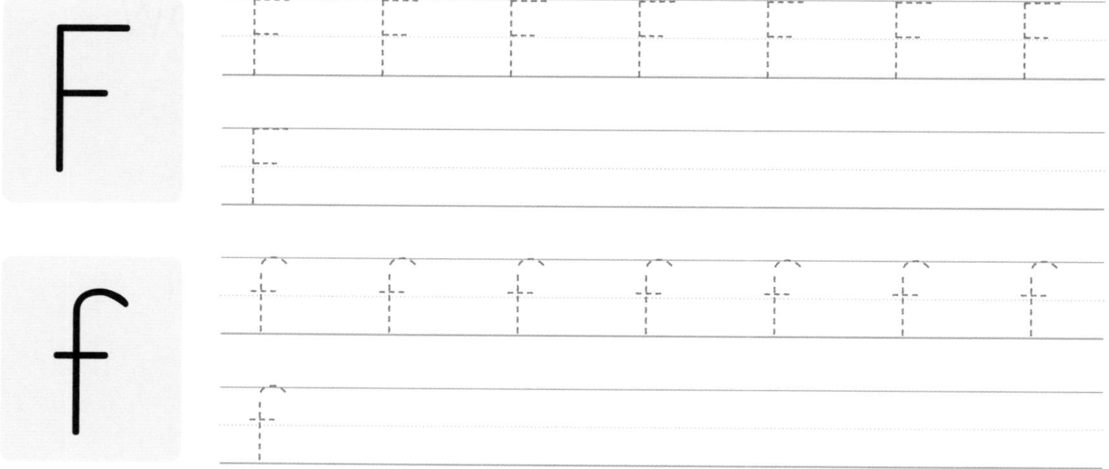

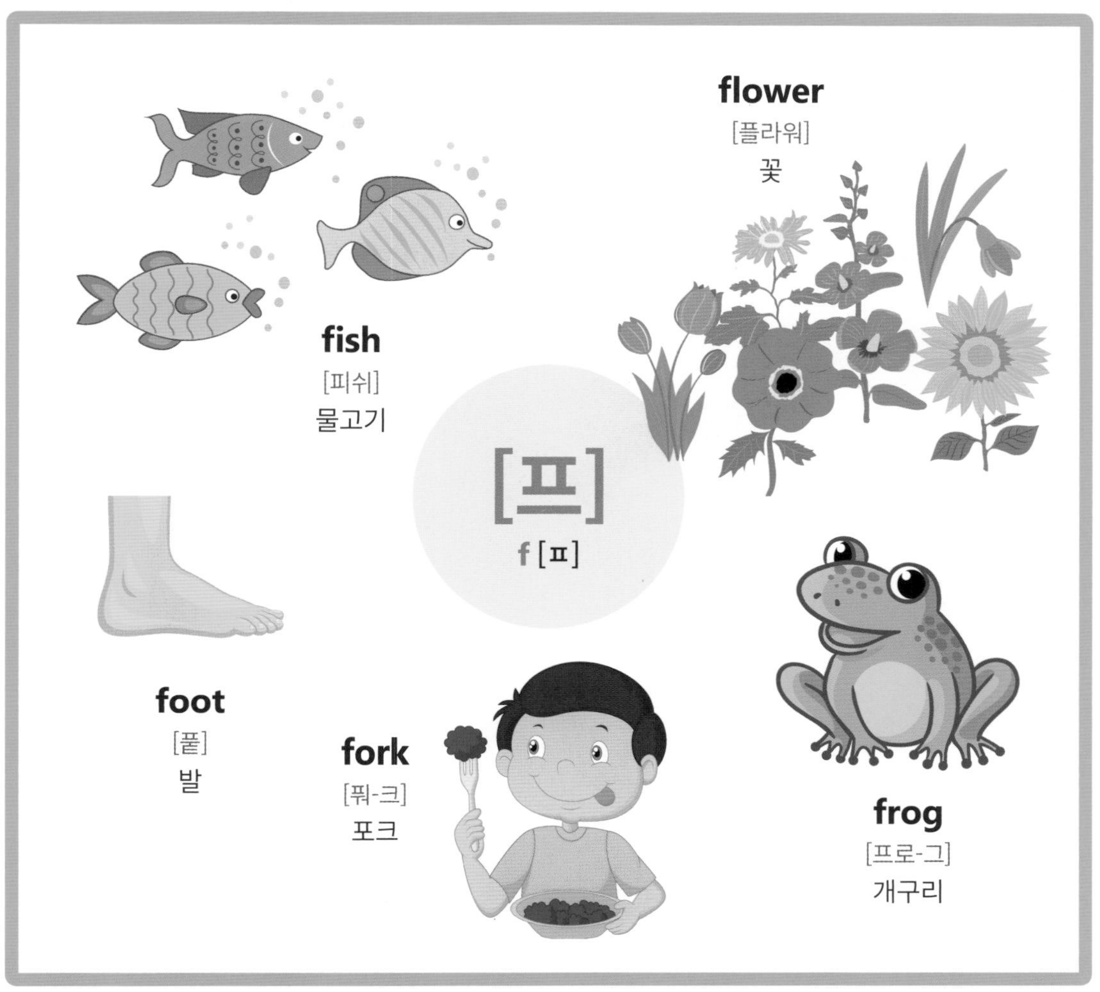

➜ 녹음을 듣고 밑줄 친 부분에 알파벳을 써서 단어를 완성하세요.

FISH	_LOWER	FOOT
_ish	flower	_oot
[피쉬] 물고기	[플라워ㄹ] 꽃	[풑] 발
_ORK	FROG	_ACE
fork	_rog	_ace
[포-ㄹ크] 포크	[프로-그] 개구리	[페이스] 얼굴

07

이 글자의 이름은 쥐-라고 해요. 그냥 지-라고 읽지 않도록 주의해야 해요.
쥐-는 실제로 단어에서는 그라고 발음하죠. 대체로 우리말의 [ㄱ(기역)]처럼 소리가 나는데 [ㅈ(지읒)]과 비슷한 소리가 나는 단어도 있어요.

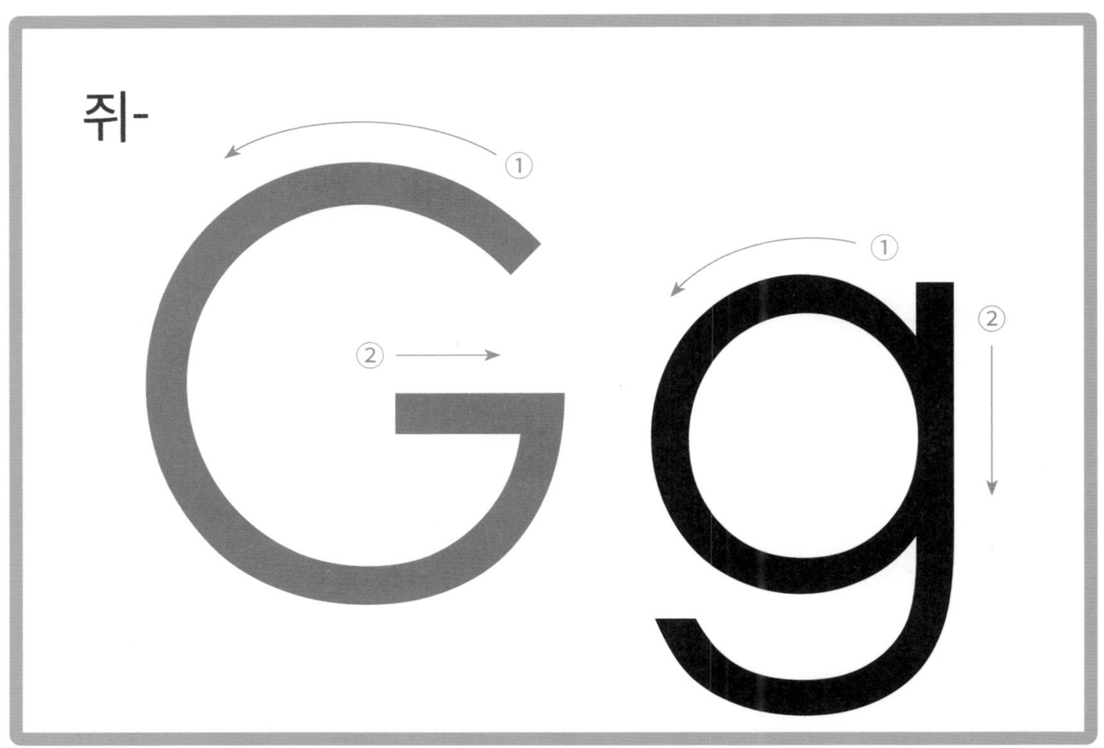

→ 순서에 맞게 따라 써보세요.

➜ 녹음을 듣고 밑줄 친 부분에 알파벳을 써서 단어를 완성하세요.

GIRL	_LOVE	GUN
_irl	glove	_un
[거-얼] 소녀	[글러브] 장갑	[건] 총
_AME	GIRAFFE	PA_E
game	_iraffe	pa_e
[게임] 게임	[저래프] 기린	[페이쥐] 쪽, 페이지

08

이 글자의 이름은 에이취라고 해요.
에이취는 실제로 단어에서는 입을 살짝 벌리고 바람을 빼면서 흐라고 발음해요. 우리말의 [ㅎ(히읗)]처럼 발음하죠.

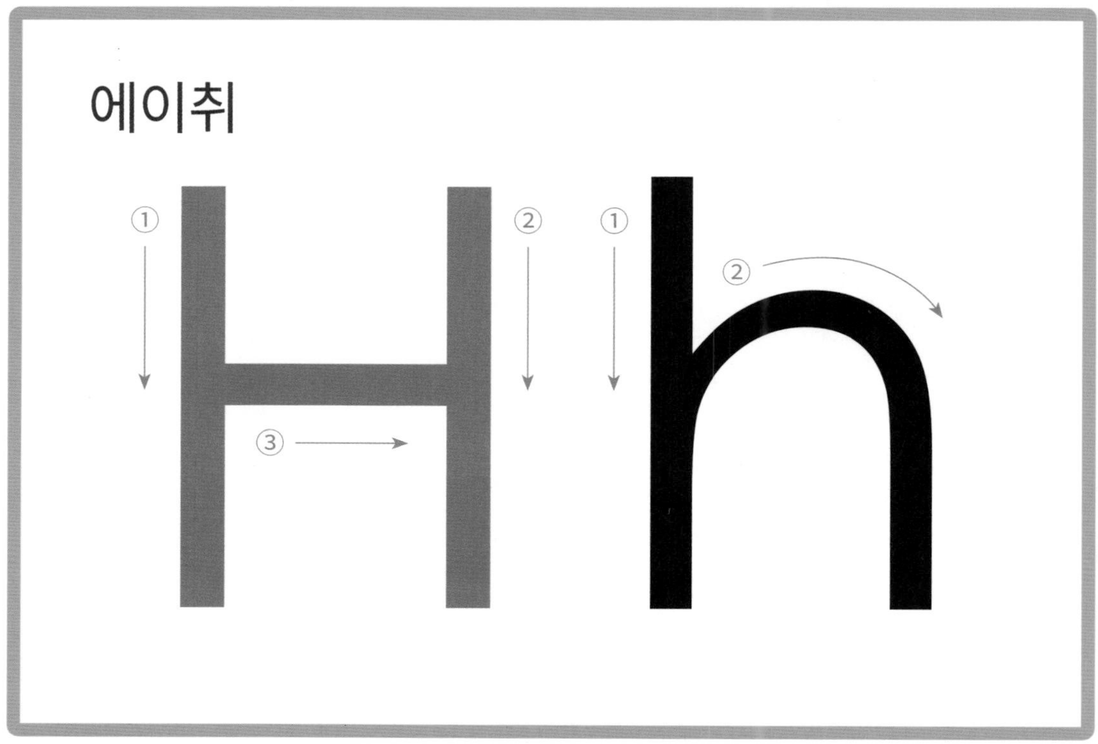

➜ 순서에 맞게 따라 써보세요.

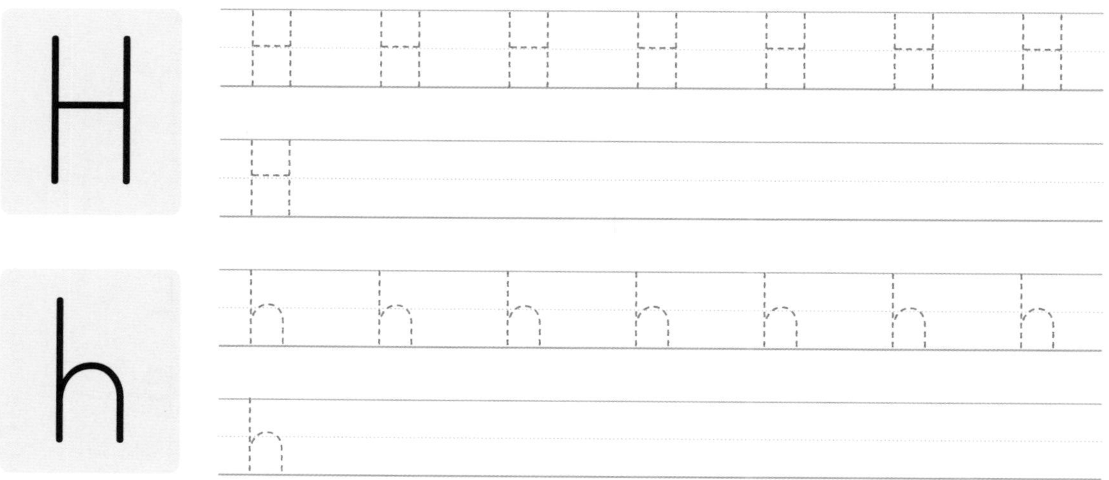

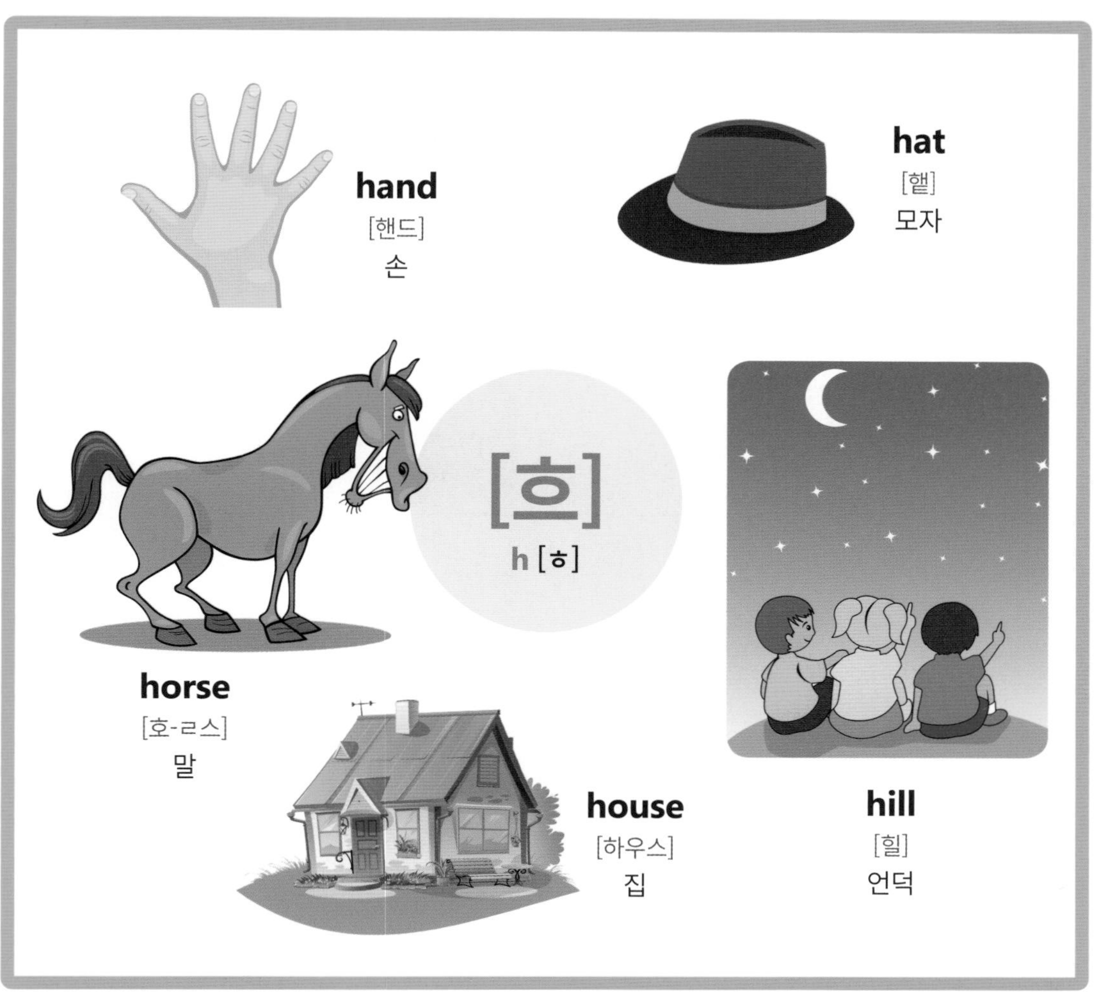

➜ 녹음을 듣고 밑줄 친 부분에 알파벳을 써서 단어를 완성하세요.

HAND	_AT	HORSE
_and	hat	_orse
[핸드] 손	[햍] 모자	[호-ㄹ스] 말
_OUSE	HILL	_EAD
house	_ill	_ead
[하우스] 집	[힐] 언덕	[헤드] 머리

다시 써보기 E ~ H

E부터 H까지 대문자를 써보세요.

E F G H

e부터 h까지 소문자를 써보세요.

e f g h

빈칸 채우기 E ~ H

 그림을 보고 단어에 맞는 알파벳을 빈칸에 써넣으세요.

 ___agl___

 ___rog

 ___lower

 ___lbow

 ___ouse

 ___and

 ___iraffe

 ___oot

 ___lephant

 ___gg

 ___at

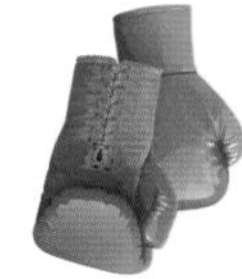 ___love

 ___ish

 ___orse

 ___un

 ___irl

09

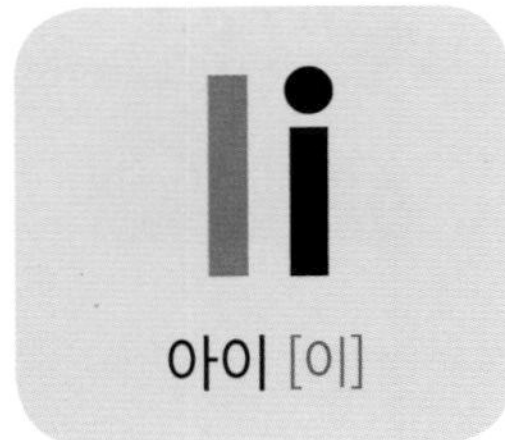

이 글자로 이름은 아이라고 해요. I는 대문자이고 i는 소문자예요. 단어에서는 이라고 소리가 나죠. 입은 조금만 벌리고 으와 이의 중간 소리를 내면 되어요. 알파벳 이름 그대로 아이로 소리가 나는 단어도 있어요.

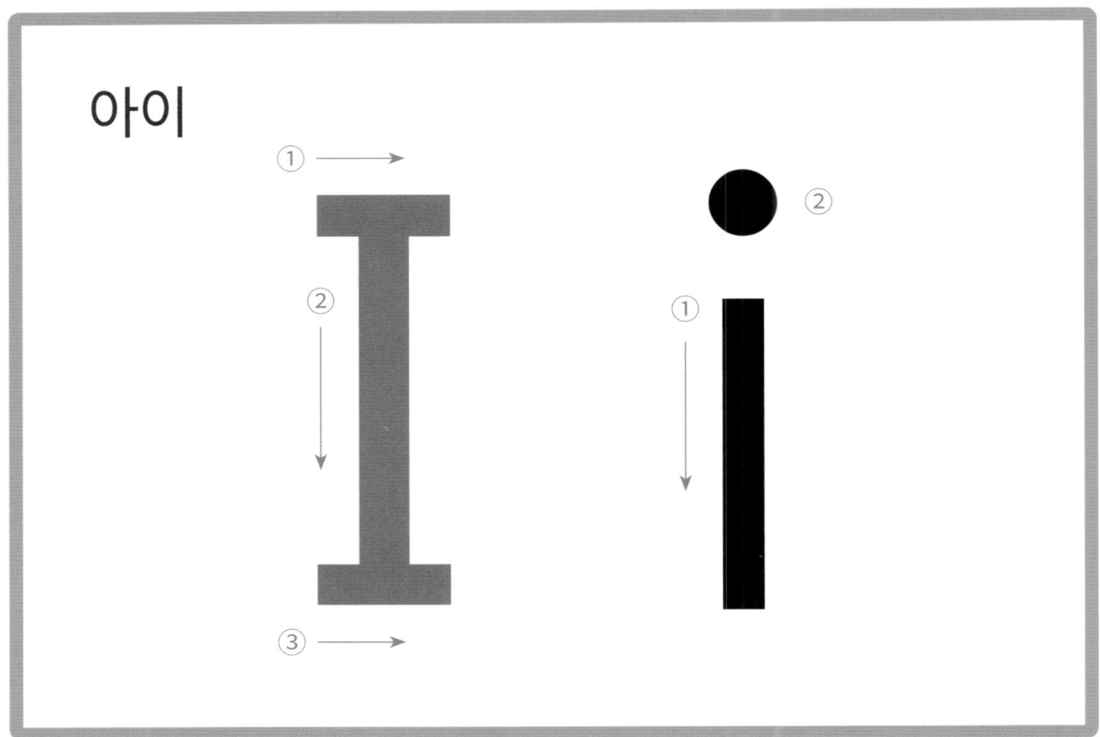

➜ 순서에 맞게 따라 써보세요.

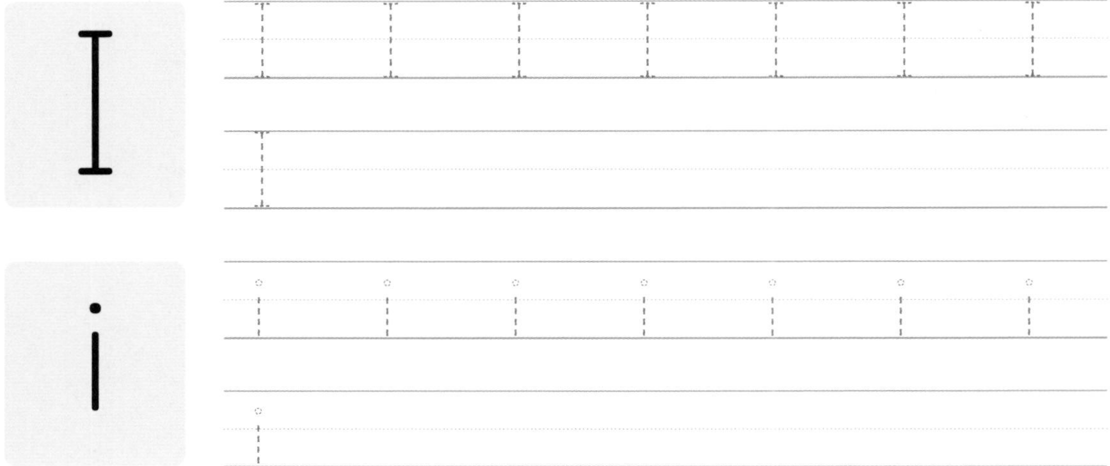

➜ 녹음을 듣고 밑줄 친 부분에 알파벳을 써서 단어를 완성하세요.

INK	_NSECT	IGLOO
_nk	insect	_gloo
[잉크] 잉크	[인섹트] 곤충	[이글루-] 이글루
_NDIAN	ICE	_DEA
Indian	_ce	_dea
[인디언] 인디언	[아이스] 얼음	[아이디어] 아이디어

10

이 글자로 알파벳 이름은 줴이라고 해요.
단어에서는 쥐라고 소리가 나죠. 우리말의 다람쥐나 염주에서 쥐와 주의 첫 소리인 [ㅈ(지읒)]과 비슷한 소리로 발음이 되어요.

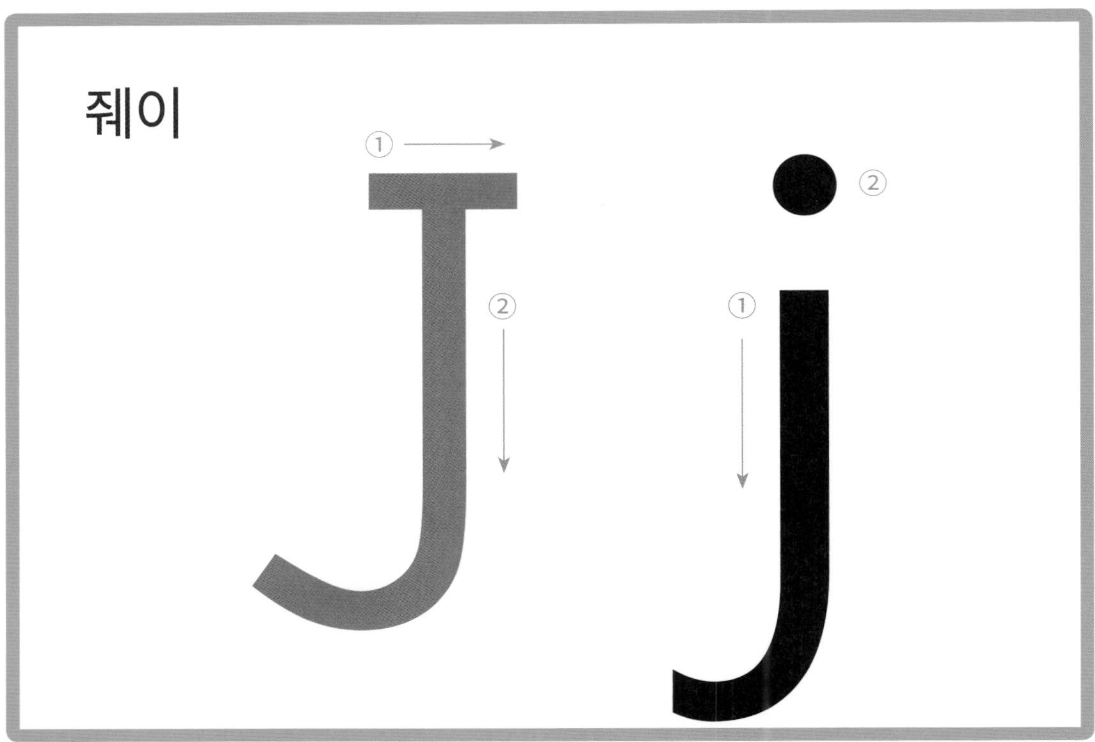

➜ 순서에 맞게 따라 써보세요.

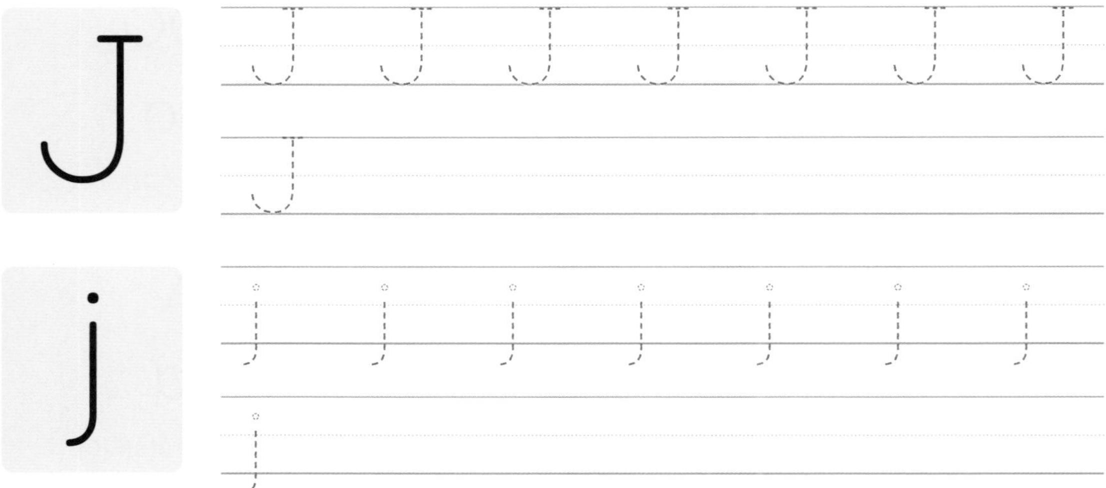

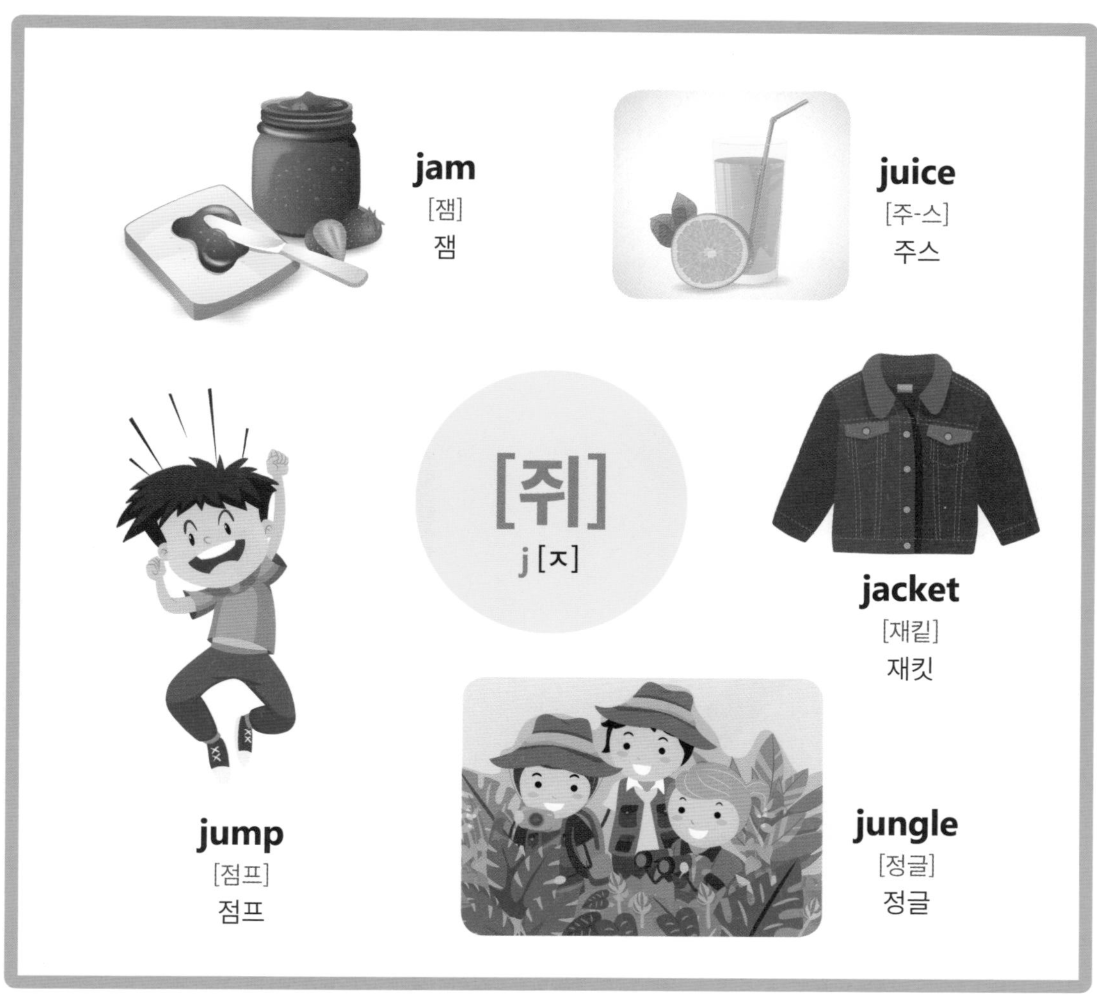

➜ 녹음을 듣고 밑줄 친 부분에 알파벳을 써서 단어를 완성하세요.

JAM	_UICE	JACKET
_am	juice	_acket
[잼] 잼	[주-스] 주스	[재킽] 재킷
_UMP	JUNGLE	_OIN
jump	_ungle	_oin
[점프] 점프	[정글] 정글	[조인] 가입하다

11

이 글자의 알파벳 이름은 케이라고 해요.
케이는 실제로 단어에서는 크라고 소리가 나며 앞서 배운 C(크)와 비슷해요.
우리말의 칼의 [ㅋ(키읔)]과 비슷한 소리가 나죠.

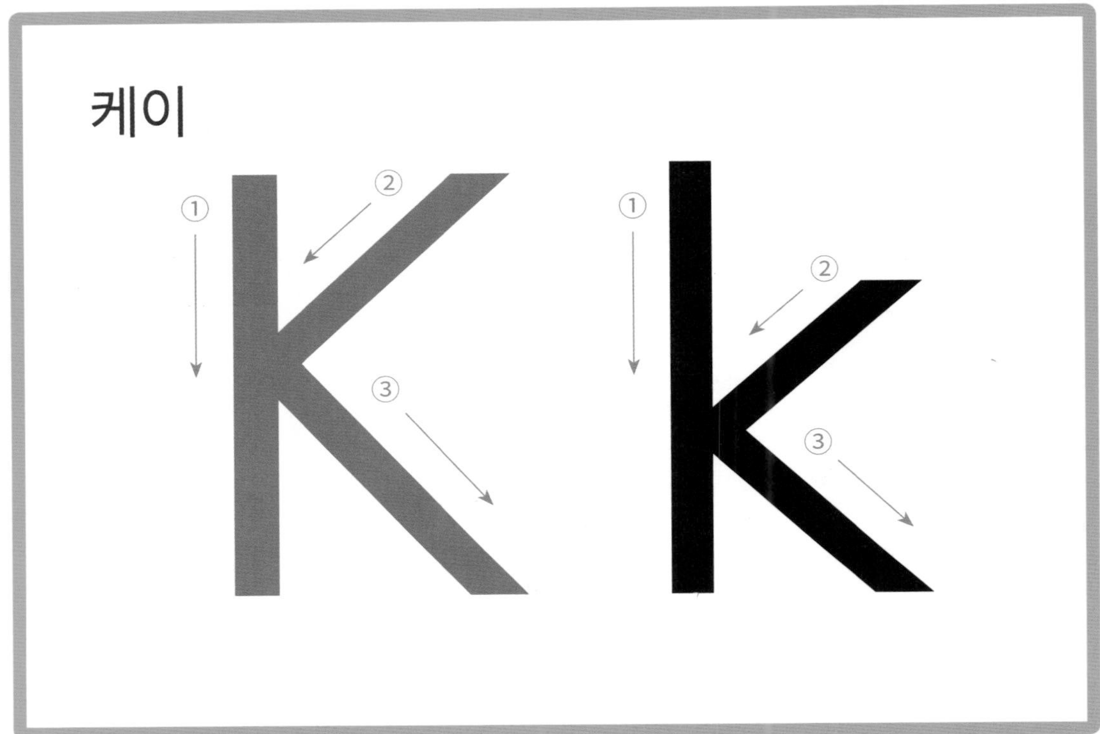

➜ 순서에 맞게 따라 써보세요.

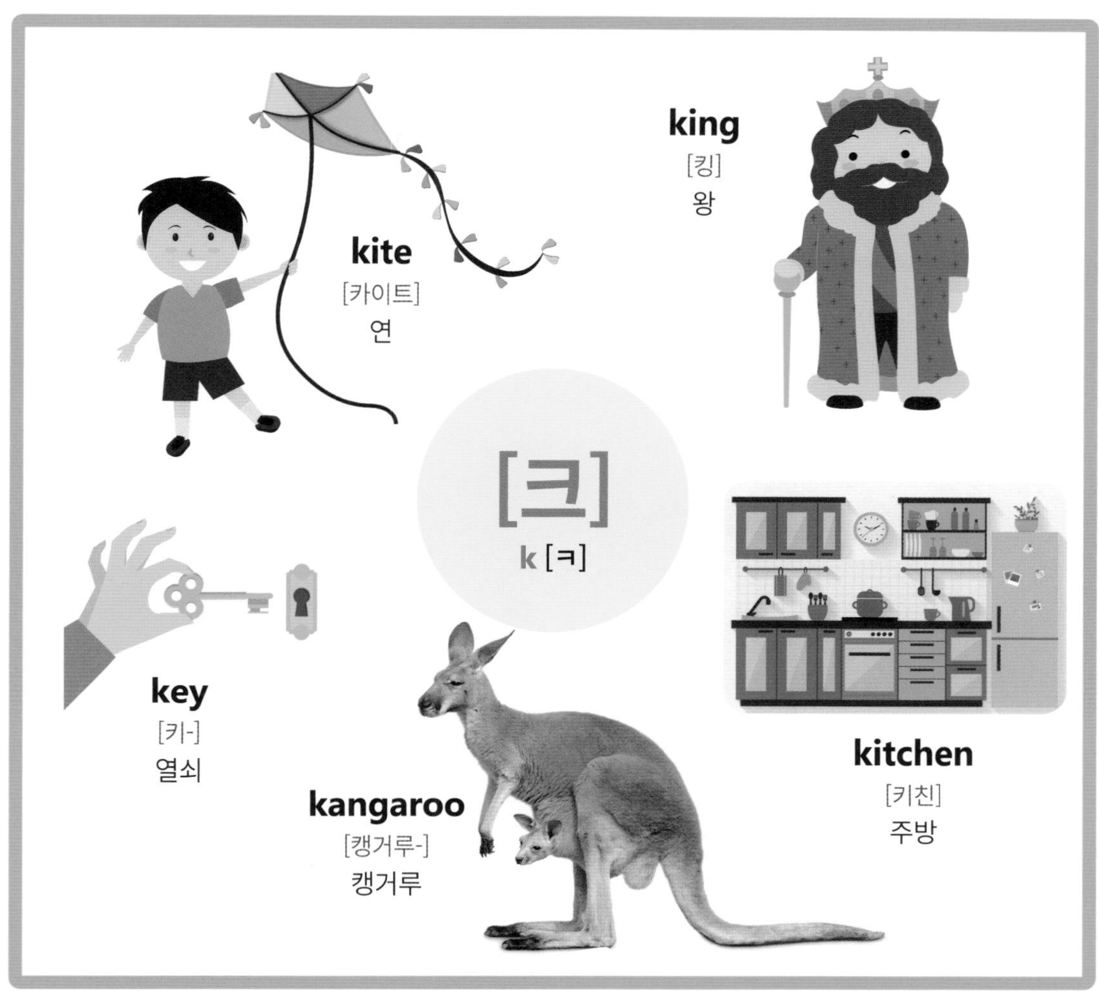

→ 녹음을 듣고 밑줄 친 부분에 알파벳을 써서 단어를 완성하세요.

KITE	_ING	KEY
_ite	king	_ey
[카이트] 연	[킹] 왕	[키-] 열쇠
_ANGAROO	KITCHEN	_ID
kangaroo	_itchen	_id
[캥거루-] 캥거루	[키친] 주방	[킫] 아이, 새끼염소

12

이 글자의 알파벳 이름은 엘이에요.
엘은 실제로 단어에서는 르라고 소리가 나요. 우리말 [ㄹ(리을)]과 비슷한 혀옆소리로 발음하며 앞니의 안쪽에 혀끝을 대고 소리를 내면 돼요.

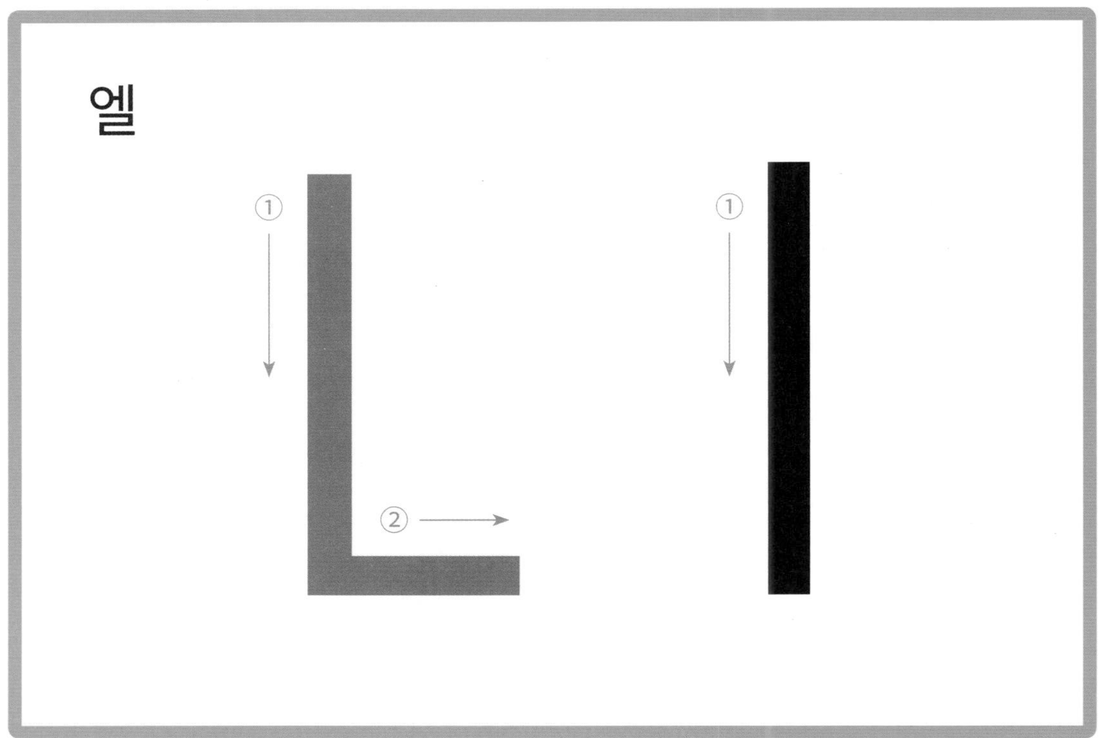

➜ 순서에 맞게 따라 써보세요.

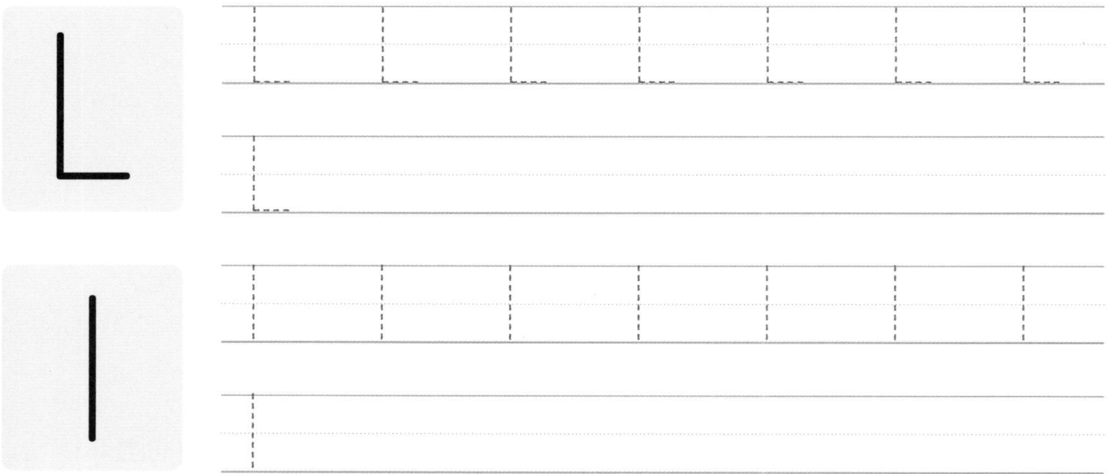

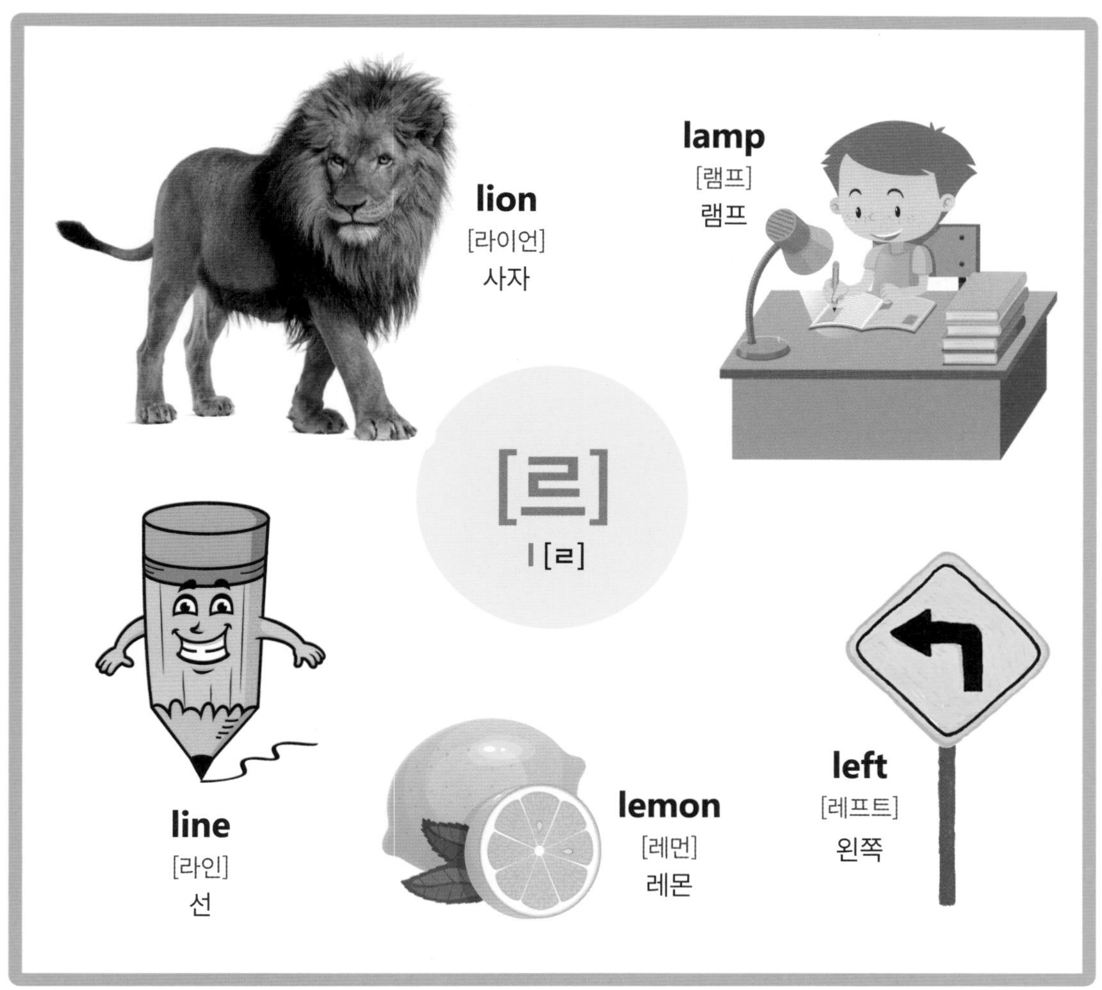

→ 녹음을 듣고 밑줄 친 부분에 알파벳을 써서 단어를 완성하세요.

LION _ion [라이언] 사자	_AMP lamp [램프] 램프	LINE _ine [라인] 선
_EMON lemon [레먼] 레몬	LEFT _eft [레프트] 왼쪽	_UNCH _unch [런취] 점심

다시 써보기 I ~ L

I부터 L까지 대문자를 써보세요.

I J K L

i부터 l까지 소문자를 써보세요.

i j k l

빈칸 채우기 I ~ L

 그림을 보고 단어에 맞는 알파벳을 빈칸에 써넣으세요.

 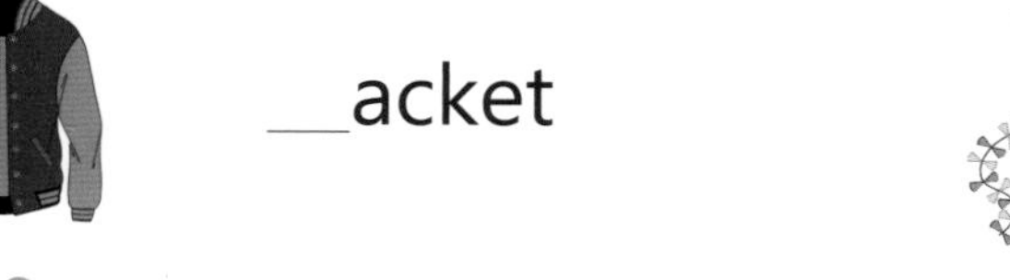 ___acket

 ___ite

 ___amp

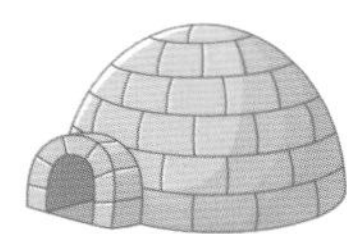 ___gloo

 ___ce

 ___angaroo

 ___ine

 ___uice

 ___ump

 ___nk

 ___nsect

 ___ion

 ___emon

 ___ing

 ___ey

 ___am

13

M는 대문자, **m**는 소문자로 이름은 엠이라고 해요.
엠은 실제로 단어에서는 므라고 소리가 나죠. 우리말의 [ㅁ(미음)]과 같은 소리로 발음되어요.

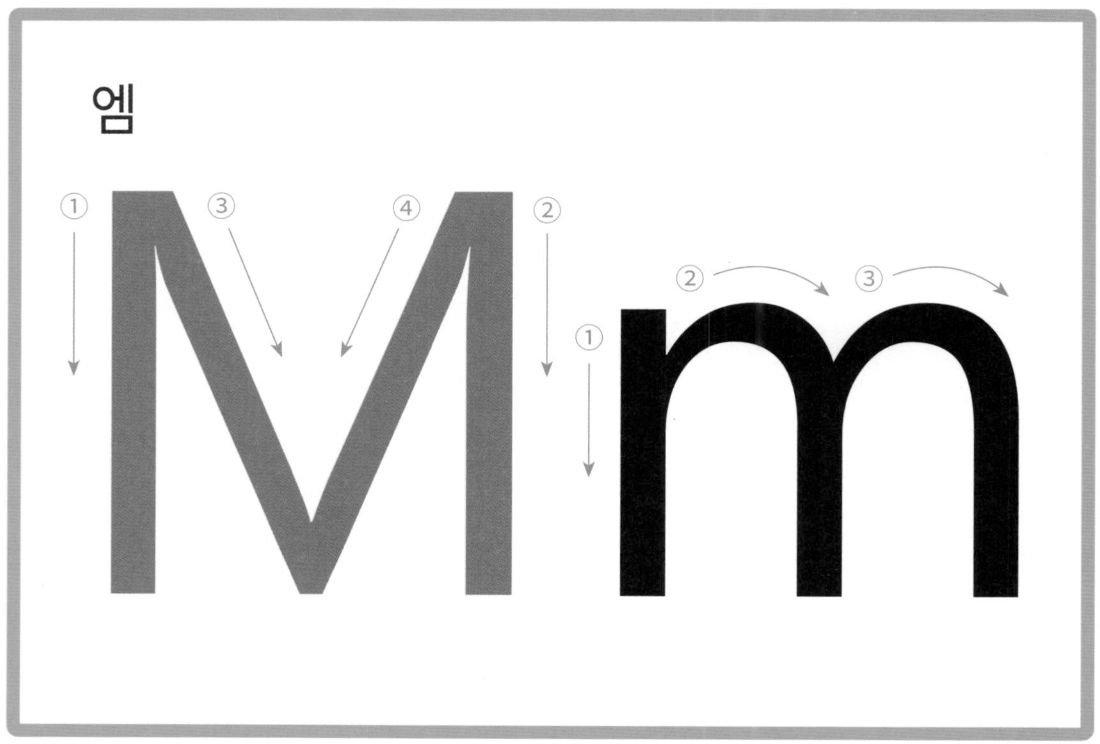

➔ 순서에 맞게 따라 써보세요.

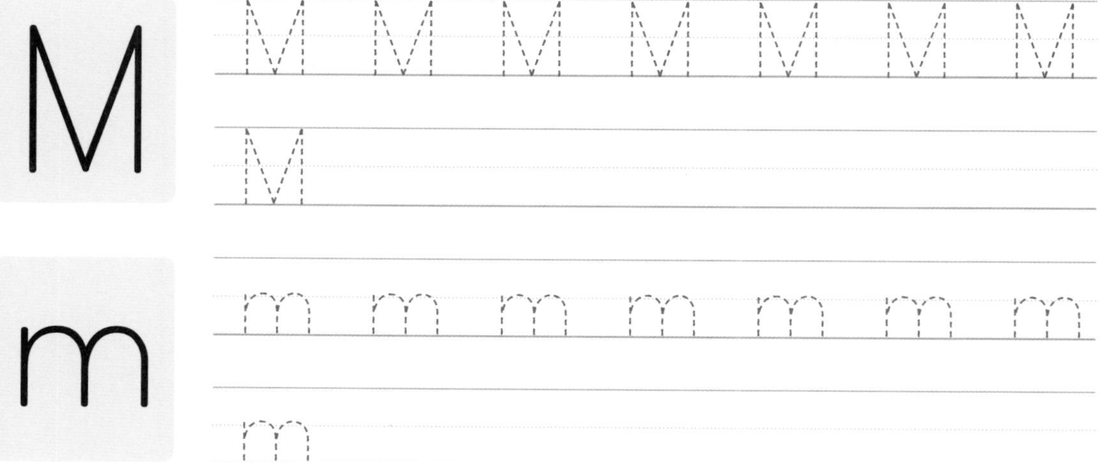

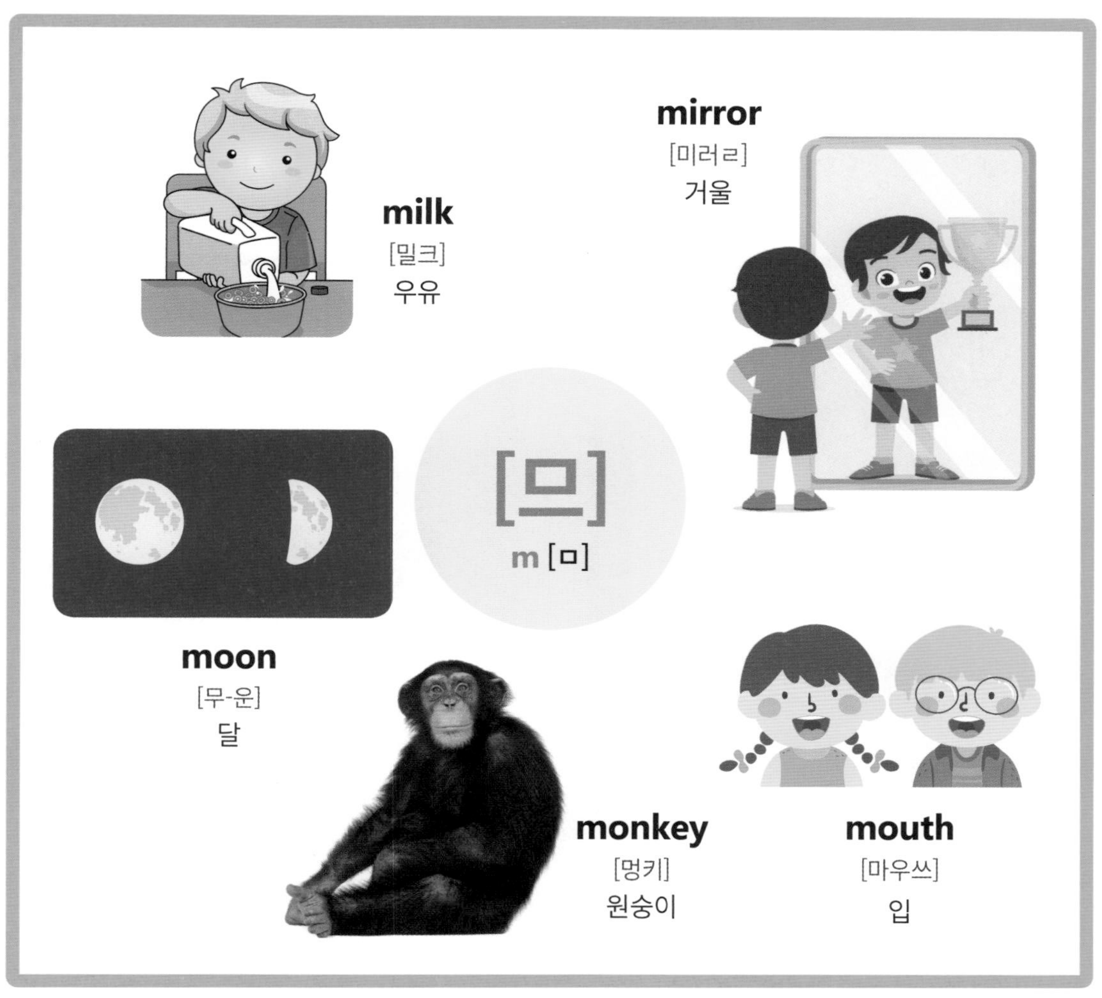

➜ 녹음을 듣고 밑줄 친 부분에 알파벳을 써서 단어를 완성하세요.

MILK	__IRROR	MOON
__ilk	mirror	__oon
[밀크] 우유	[미러ㄹ] 거울	[무-운] 달
__ONKEY	MOUTH	__ELON
monkey	__outh	__elon
[멍키] 원숭이	[마우쓰] 입	[멜런] 멜론

14

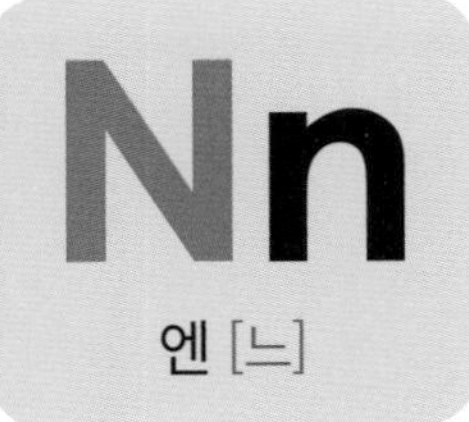

이 글의 알파벳 이름은 엔이에요.
엔은 실제로 단어에서는 느라고 소리가 나며, 우리말의 [ㄴ(니은)]과 같은 소리로 발음되어요.

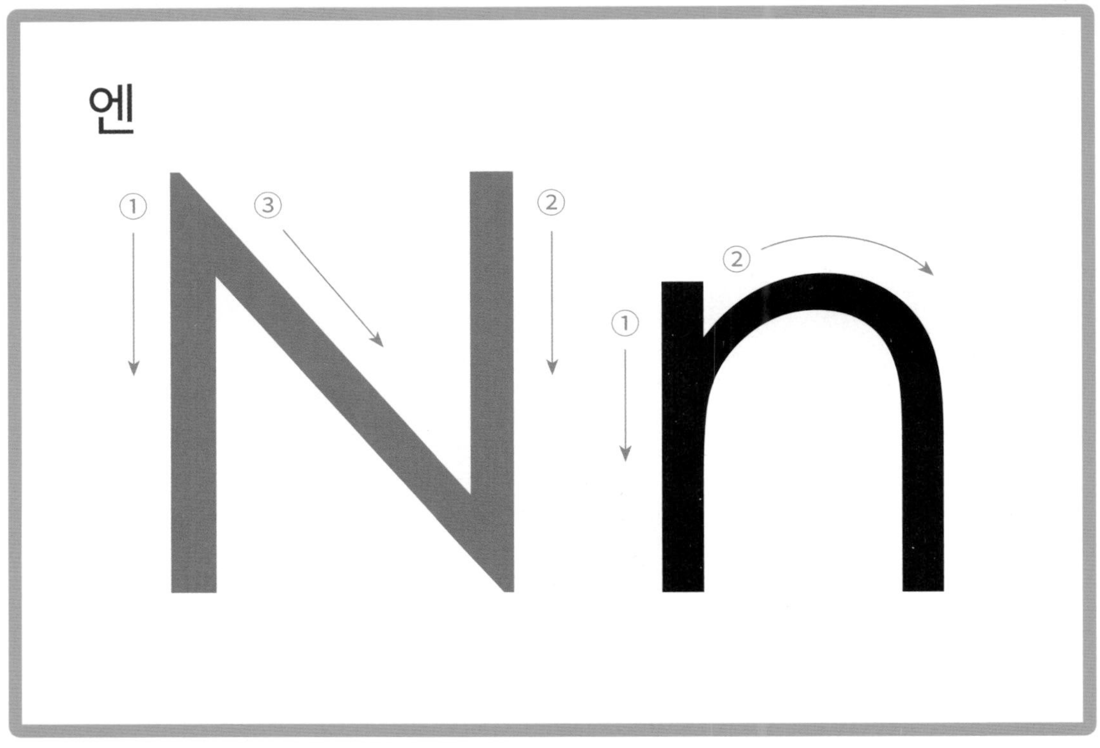

➜ 순서에 맞게 따라 써보세요.

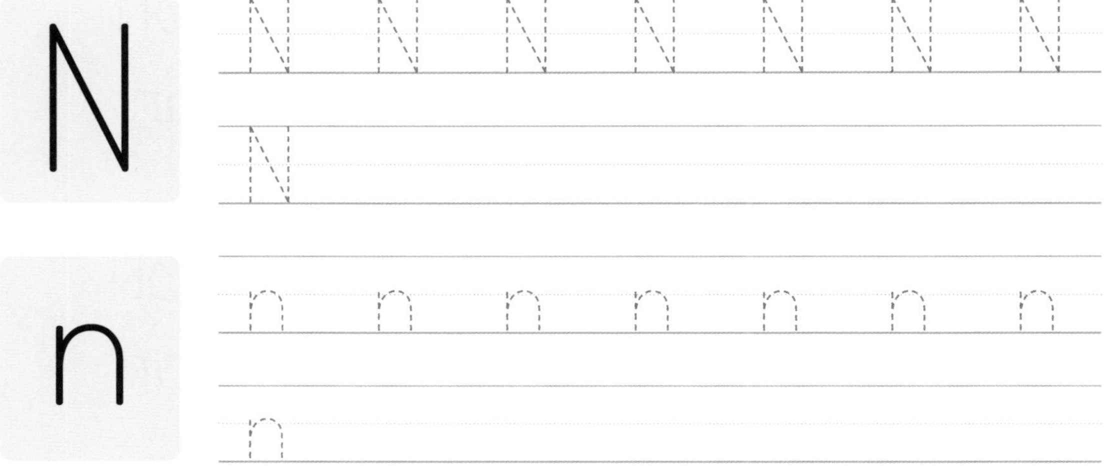

➜ 녹음을 듣고 밑줄 친 부분에 알파벳을 써서 단어를 완성하세요.

NOSE	_URSE	NIGHT
_ose	nurse	_ight
[노우즈] 코	[너-ㄹ스] 간호사	[나이트] 밤
_UMBER	NAME	_OTE
number	_ame	_ote
[넘버ㄹ] 숫자	[네임] 이름	[노우트] 공책

15

이 글자의 이름은 오우예요. 오는 강하게 우는 약하고 빠르게 발음해요. 오우는 실제로 단어에서는 오와 어의 중간 소리가 나지만, 아로도 소리가 나는 단어도 있어요.

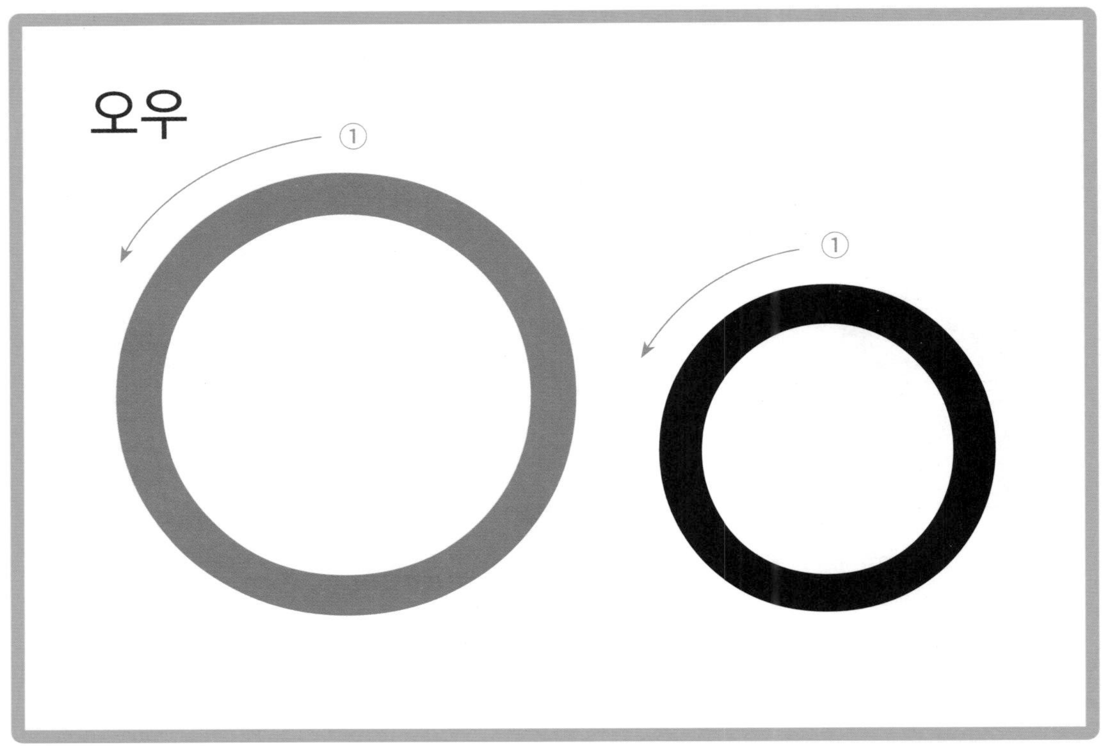

→ 순서에 맞게 따라 써보세요.

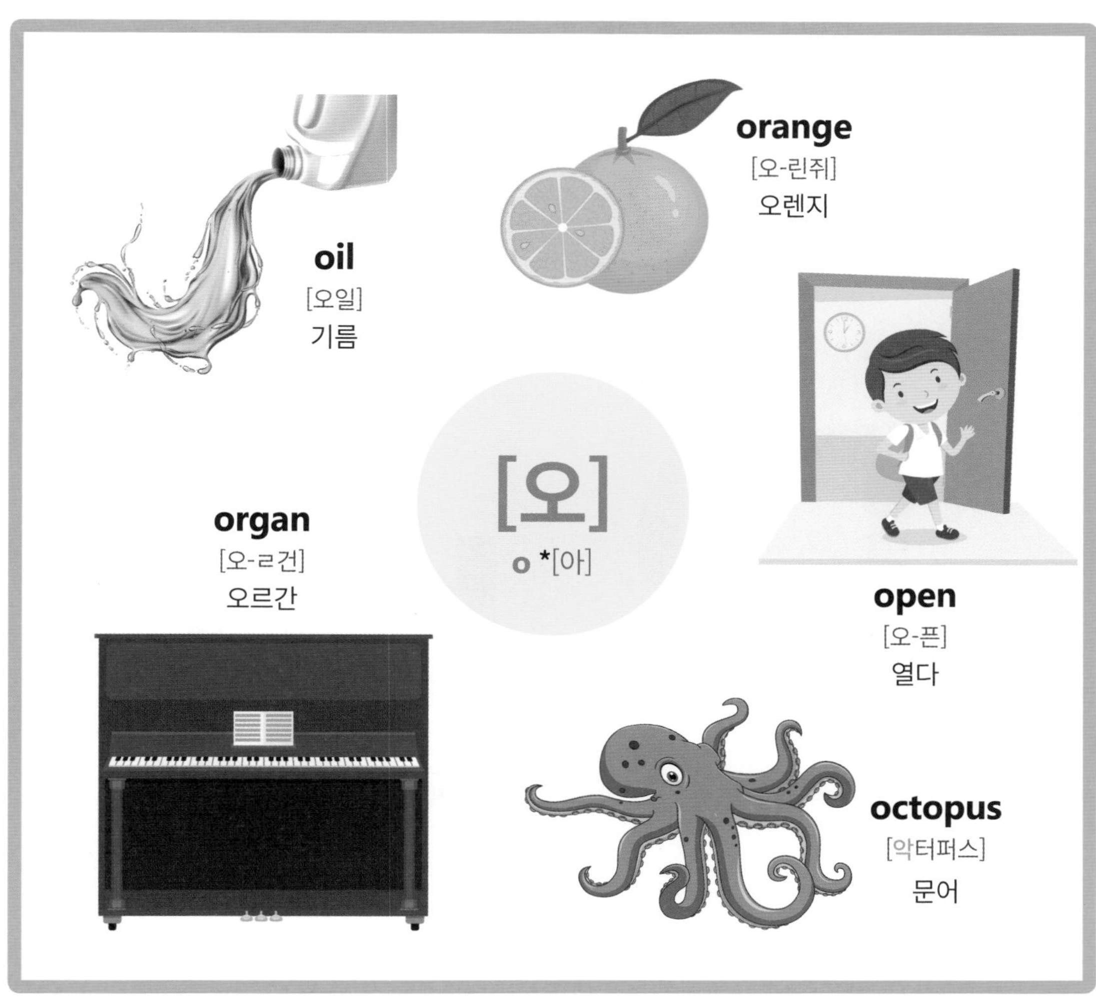

➜ 녹음을 듣고 밑줄 친 부분에 알파벳을 써서 단어를 완성하세요.

OIL	_RANGE	OPEN
_il	orange	_pen
[오일] 기름	[오-린쥐] 오렌지	[오-픈] 열다
_RGAN	OCTOPUS	_LD
organ	_ctopus	_ld
[오-ㄹ건] 오르간	[악터퍼스] 문어	[오울드] 낡은

16

이 글자의 알파벳 이름은 피-라고 해요.
피-는 실제로 단어에서는 프로 소리가 납니다. 우리말 [ㅍ(피읖)]에 가까운 소리로 윗입술과 아랫입술을 붙였다 뗄 때 나는 소리예요.

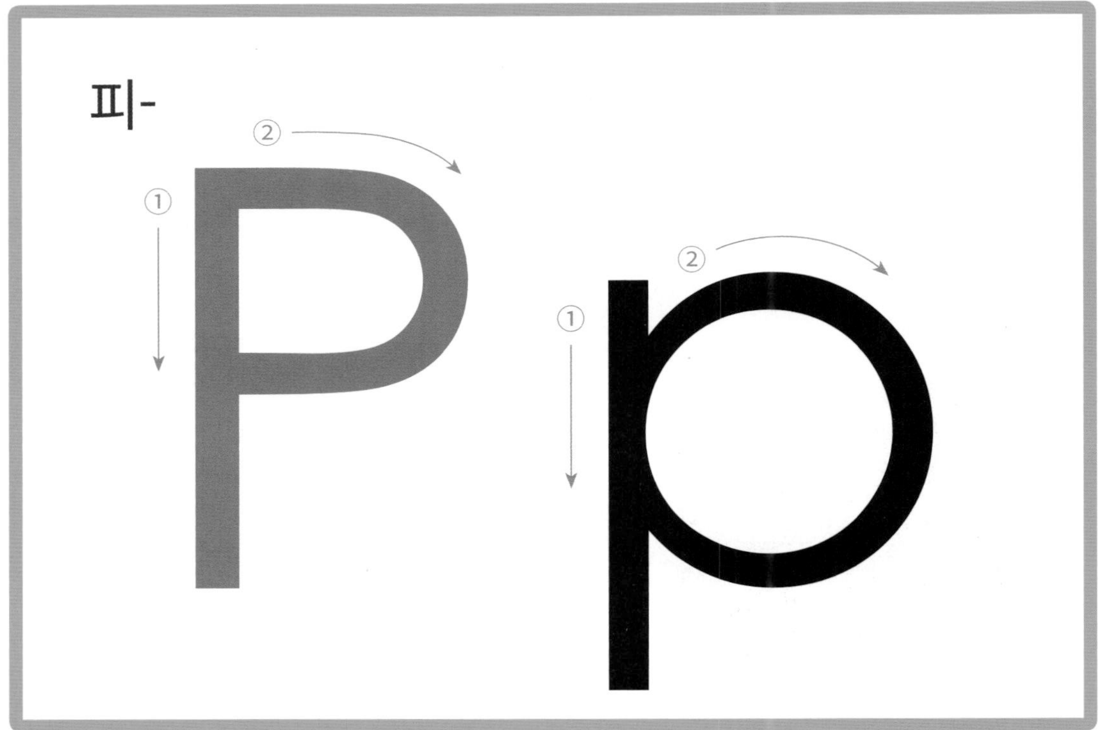

➜ 순서에 맞게 따라 써보세요.

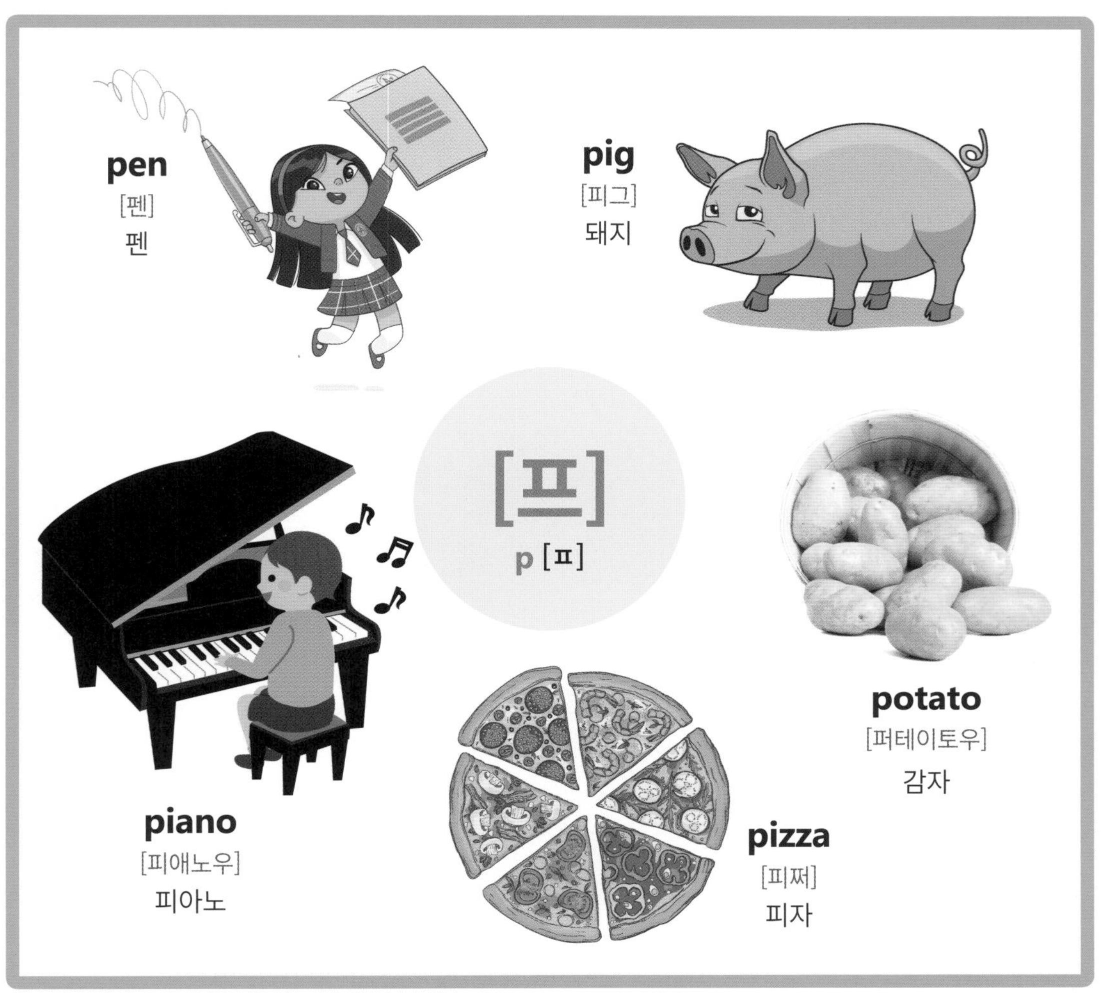

➜ 녹음을 듣고 밑줄 친 부분에 알파벳을 써서 단어를 완성하세요.

PEN	_IG	PIANO
_en	pig	_iano
[펜] 펜	[피그] 돼지	[피애노우] 피아노
_IZZA	POTATO	_APER
pizza	_otato	_aper
[피쩌] 피자	[퍼테이토우] 감자	[페이퍼ㄹ] 종이

다시 써보기 M ~ P

M부터 P까지 대문자를 써보세요.

M N O P

m부터 p까지 소문자를 써보세요.

m n o p

빈칸 채우기 M ~ P

 그림을 보고 단어에 맞는 알파벳을 빈칸에 써넣으세요.

____range

____irror

____onkey

____x

____ctopus

____oon

____ilk

____izza

____il

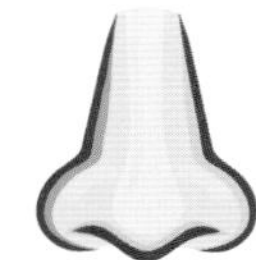

____ose

____urse

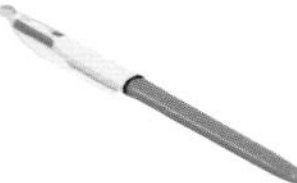

____en

____iano

____ight

____ig

____umber

17

이 글자의 알파벳 이름은 큐-라고 해요. **Q**는 대문자이고 **q**는 소문자예요. 큐-는 단어에서는 쿼로 소리가 나며, 우리말의 큐의 첫소리인 [ㅋ(키읔)]과 비슷하게 발음되어요. 단어에서 항상 **u**[유-]와 같이 쓰이는 것이 특징이죠.

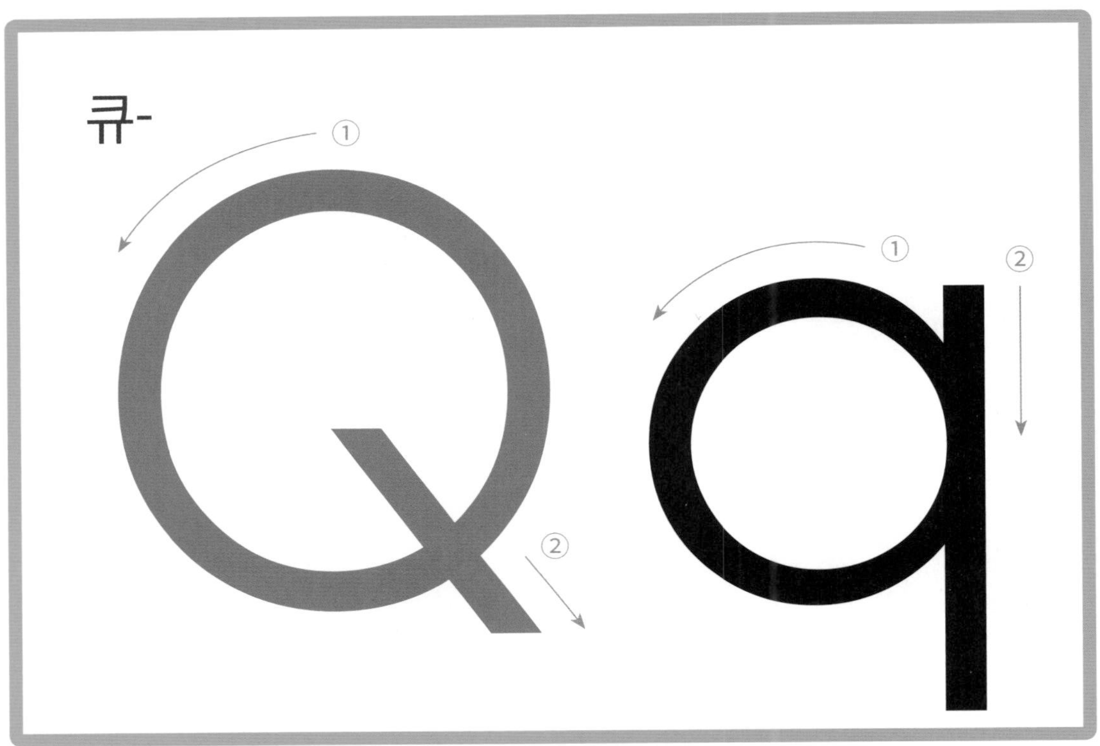

→ 순서에 맞게 따라 써보세요.

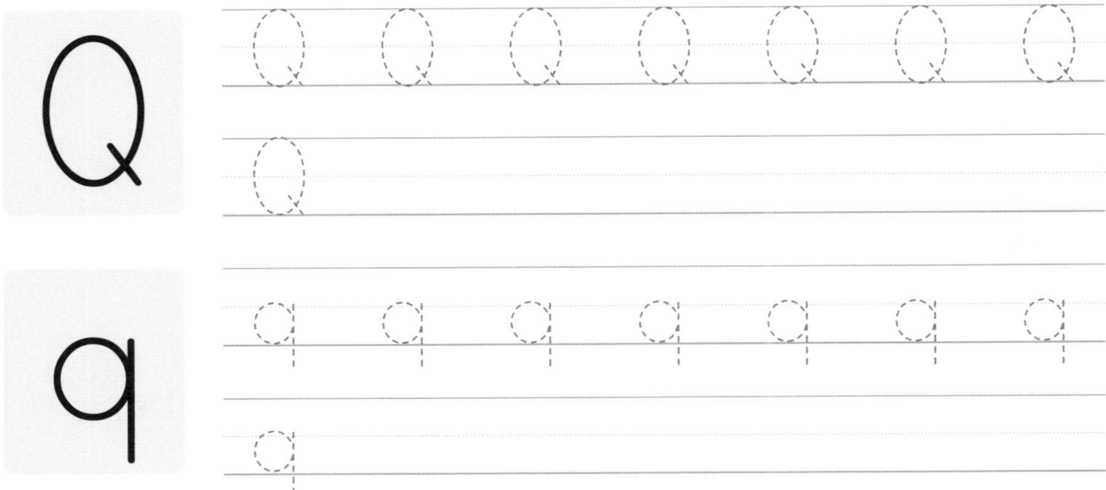

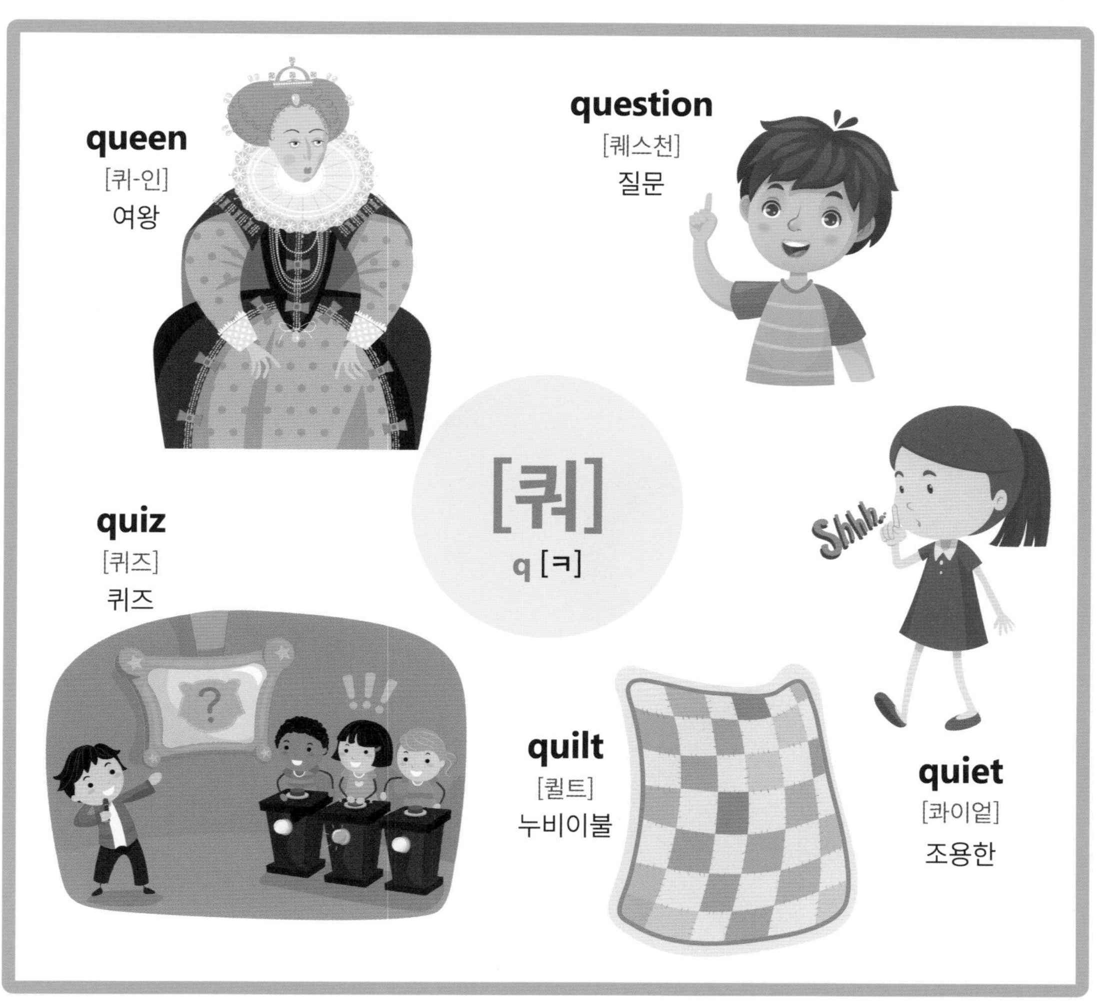

➜ 녹음을 듣고 밑줄 친 부분에 알파벳을 써서 단어를 완성하세요.

QUEEN	_UESTION	QUIZ
_ueen	question	_uiz
[퀴-인] 여왕	[퀘스천] 질문	[퀴즈] 퀴즈
_UILT	QUIET	_UICK
quilt	_uiet	_uick
[퀼트] 누비이불	[콰이얼] 조용한	[퀵크] 빠른

18

이 알파벳의 이름은 아알이에요.
아알은 실제로 단어에서는 르로 소리가 나며, 모음 사이에서는 우리말의 허리의 [ㄹ(리을)]처럼 날 때도 있는데, 이때는 입술 둥글림이 없어요. 그리고 자음 앞이나 단어의 맨 끝에 올 경우에는 소리가 나지 않는 경우도 있어요.

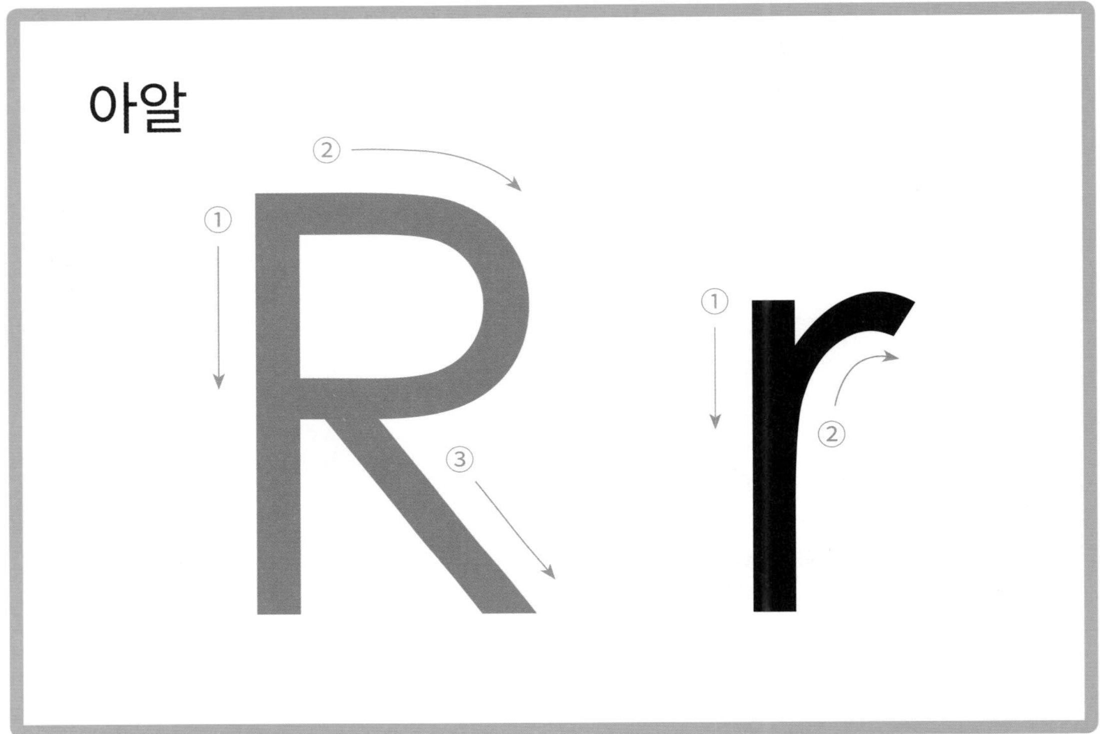

→ 순서에 맞게 따라 써보세요.

→ 녹음을 듣고 밑줄 친 부분에 알파벳을 써서 단어를 완성하세요.

ROOSTER	_ABBIT	RADIO
_ooster	rabbit	_adio
[루-스터ㄹ] 수탉	[래빝] 토끼	[레이디오우] 라디오
_AINBOW	ROOM	_IBBON
rainbow	_oom	_ibbon
[레인보우] 무지개	[루-움] 방	[리번] 띠, 리본

19

이 글자 알파벳 이름은 에쓰라고 해요.
에쓰는 실제로 단어에 따라서 스 또는 쓰 소리가 나죠. 즉, 에쓰 뒤에 모음이 오면 강하게 [ㅆ(쌍시옷)]으로 발음하고, 그 외에는 [ㅅ(시옷)]으로 발음해요.

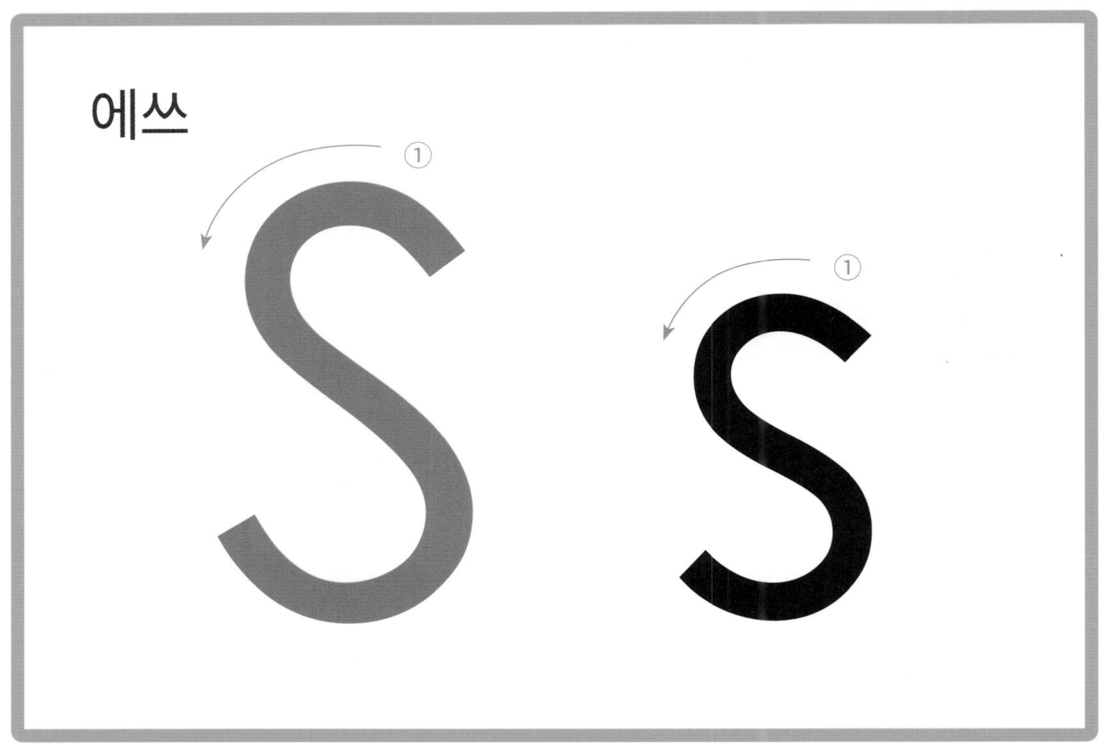

→ 순서에 맞게 따라 써보세요.

S

s

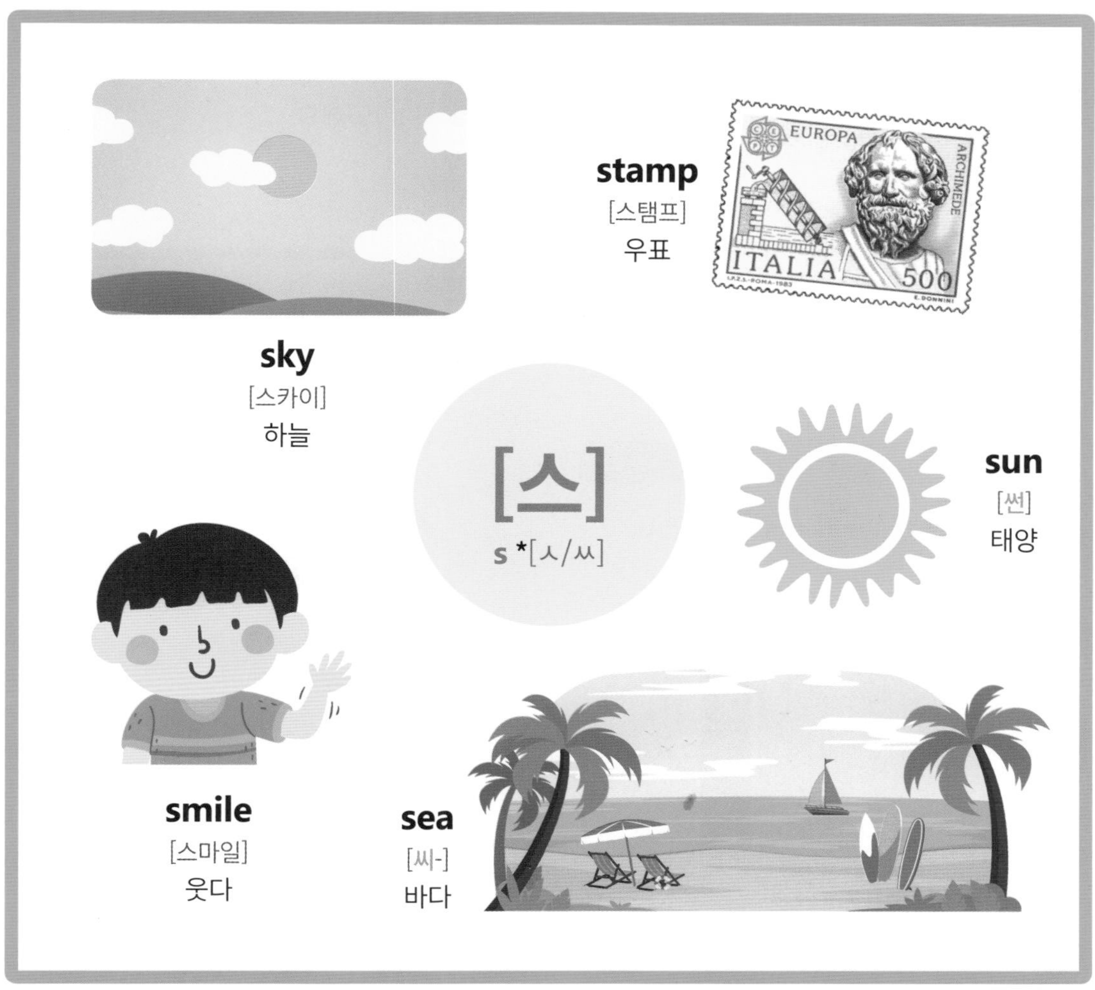

→ 녹음을 듣고 밑줄 친 부분에 알파벳을 써서 단어를 완성하세요.

SKY	_TAMP	SMILE
_ky	stamp	_mile
[스카이] 하늘	[스탬프] 우표	[스마일] 웃다
_UN	SEA	_UMMER
Sun	_ea	_ummer
[썬] 태양	[씨-] 바다	[썸머ㄹ] 여름

20

이 글자의 알파벳 이름은 티-라고 해요.
티-는 실제로 단어에서는 트로 소리가 나죠. 우리말의 [ㅌ(티읕)]처럼 소리로 나지만 때로는 [ㄸ(쌍디귿)]처럼 소리가 나기도 해요.

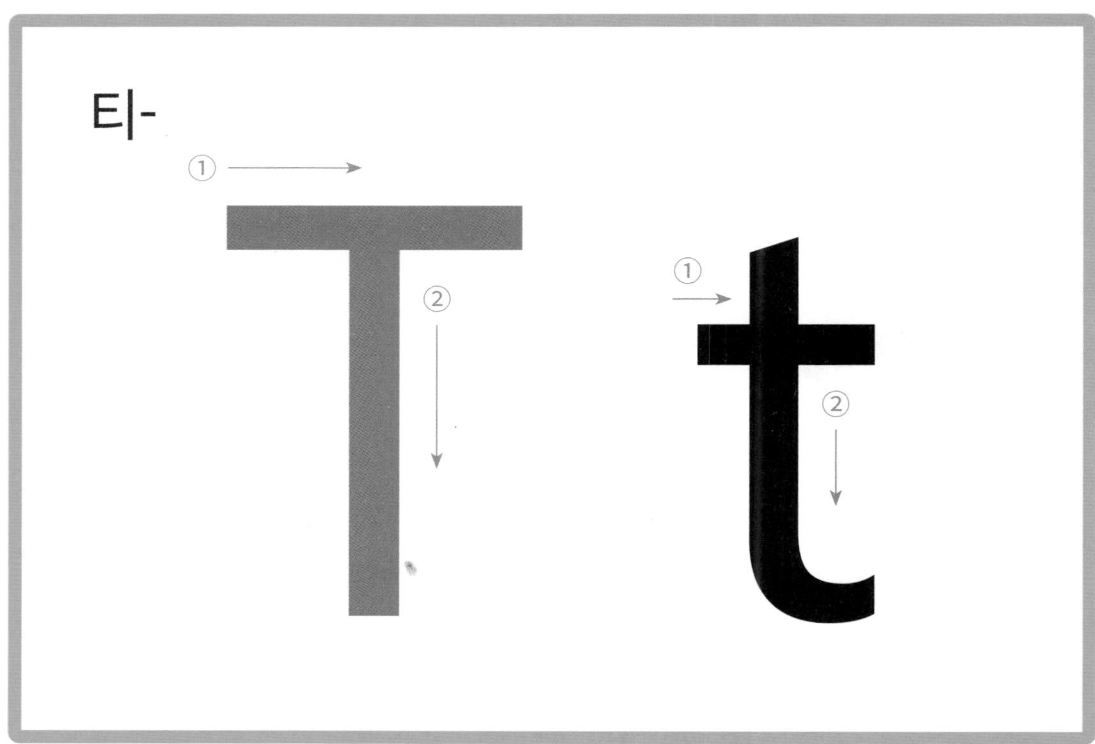

→ 순서에 맞게 따라 써보세요.

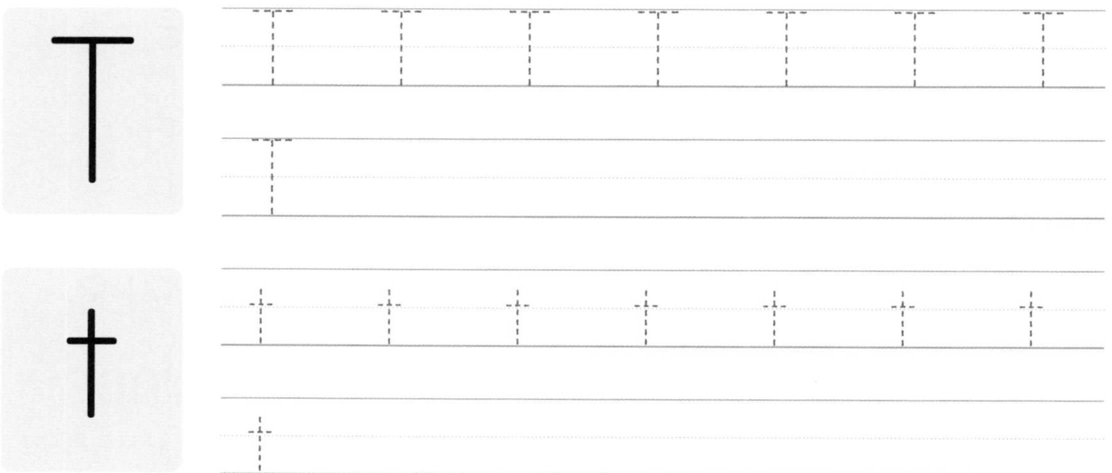

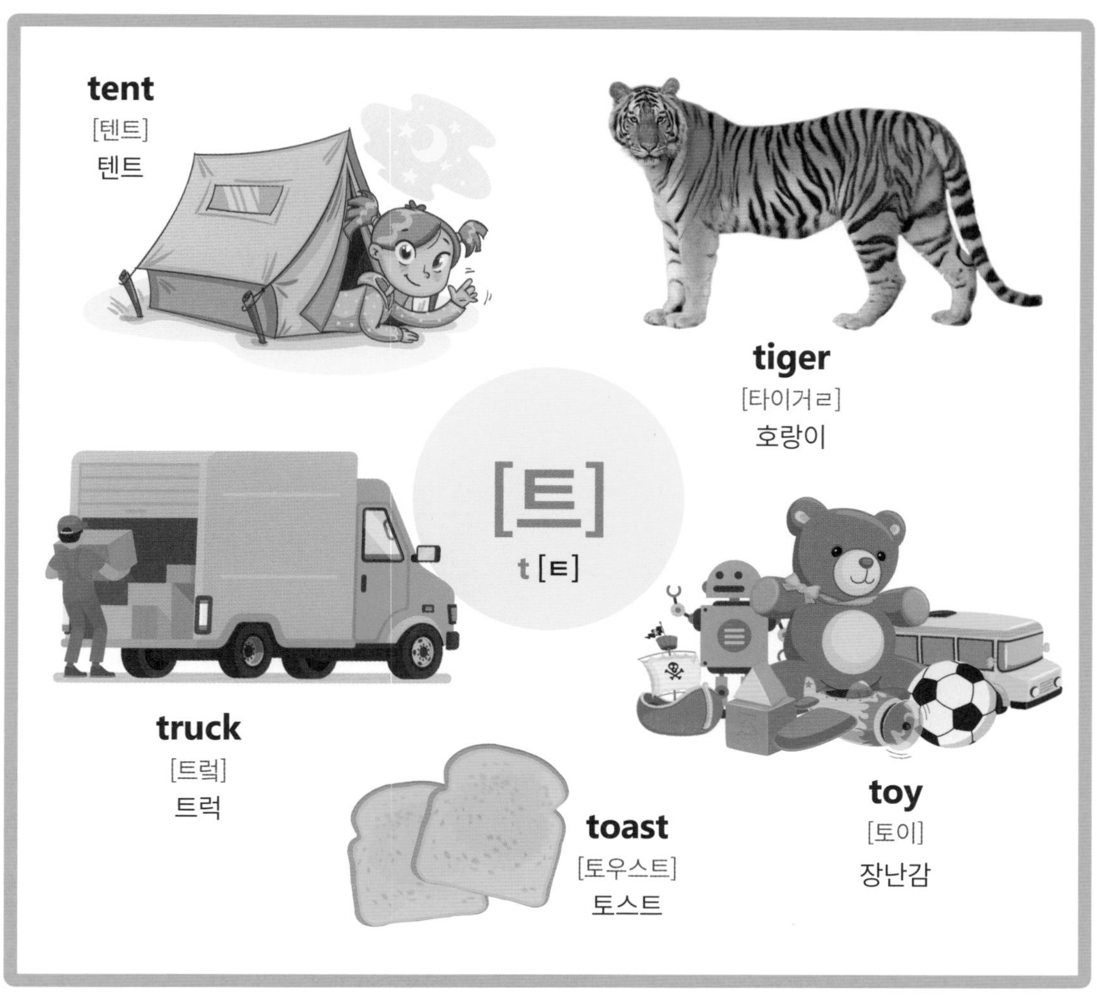

→ 녹음을 듣고 밑줄 친 부분에 알파벳을 써서 단어를 완성하세요.

TENT	_IGER	TRUCK
_ent	tiger	_ruck
[텐트] 텐트	[타이거ㄹ] 호랑이	[트럭] 트럭
_OAST	TOY	_ABLE
toast	_oy	_able
[토우스트] 토스트	[토이] 장난감	[테이블] 탁자, 테이블

다시 써보기 Q ~ T

Q부터 T까지 대문자를 써보세요.

Q R S T

q부터 t까지 소문자를 써보세요.

q r s t

빈칸 채우기 Q ~ T

 그림을 보고 단어에 맞는 알파벳을 빈칸에 써넣으세요.

___uiz

___adio

___abbit

___uestion

___tamp

___ea

___ueen

___ainbow

___un

___oast

___ruck

___uilt

___ooster

___ent

___iger

___ky

21

U는 대문자, **u**는 소문자이고 알파벳 이름은 유-예요.
유-는 단어에서는 어로 소리가 나지만, 장모음으로 쓰일 때는 이름처럼 유-로 소리가 나기도 해요.

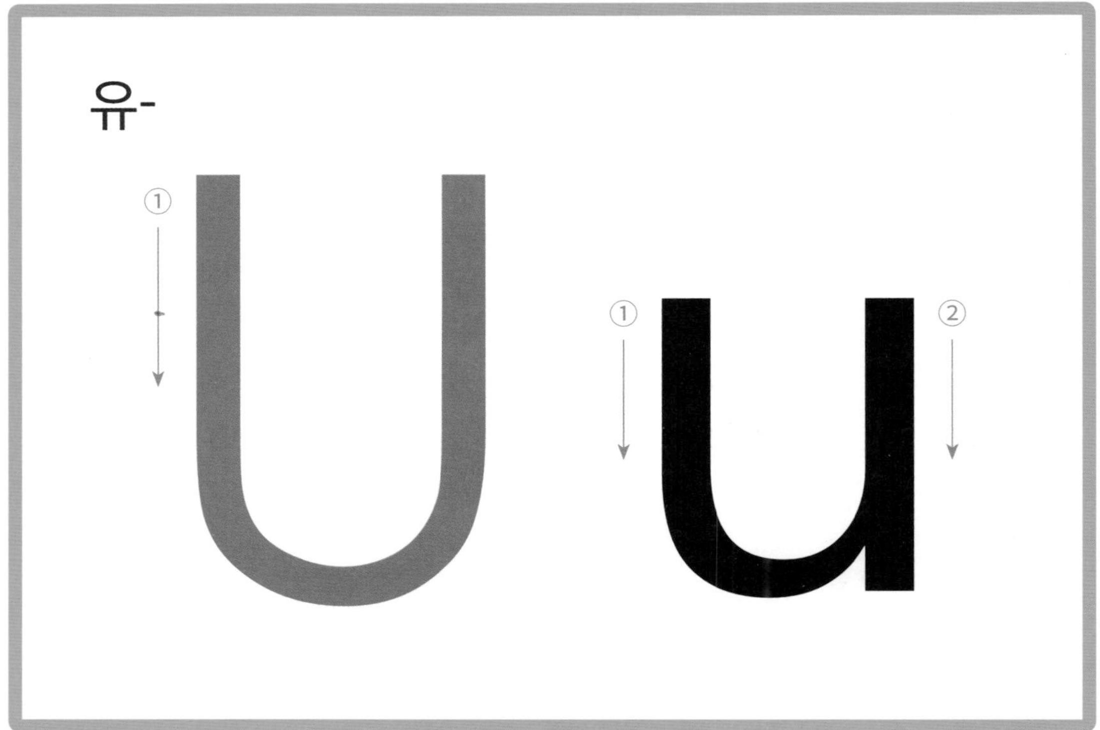

➜ 순서에 맞게 따라 써보세요.

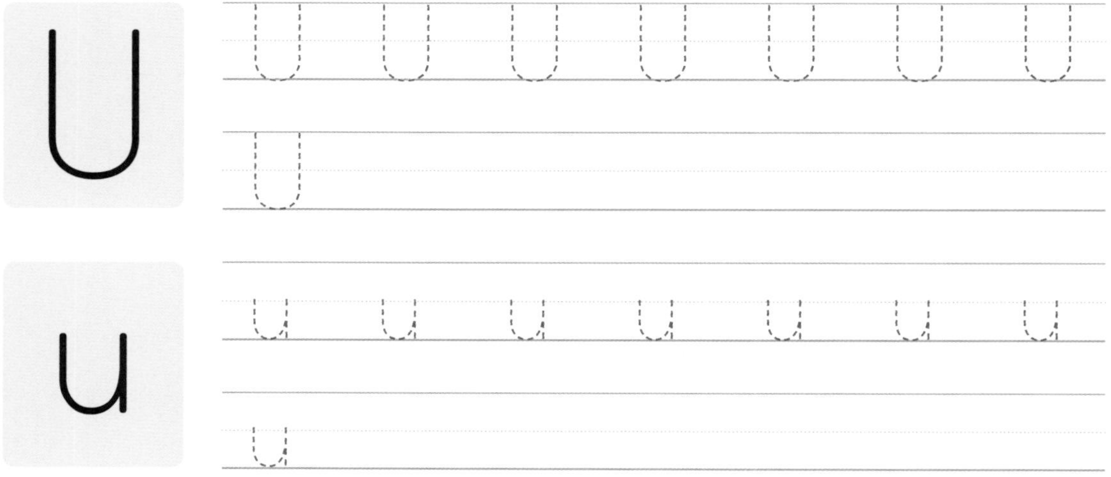

➜ 녹음을 듣고 밑줄 친 부분에 알파벳을 써서 단어를 완성하세요.

UNCLE	_NDER	UMBRELLA
_ncle	under	_mbrella
[엉클] 아저씨	[언더ㄹ] 아래	[엄브렐러] 우산
_GLY	UNIFORM	_SE
ugly	_niform	_se
[어글리] 못생긴	[유-니포-ㄹ움] 유니폼	[유-스] 사용하다

22

이 글자는 아랫입술을 윗니에 가볍게 댄 다음 떼면서 뷔- 하고 말해요. 뷔-는 실제로 단어에서는 브로 소리가 나죠. 이 글자는 우리말에 없는 발음으로 좀 연습이 필요해요.

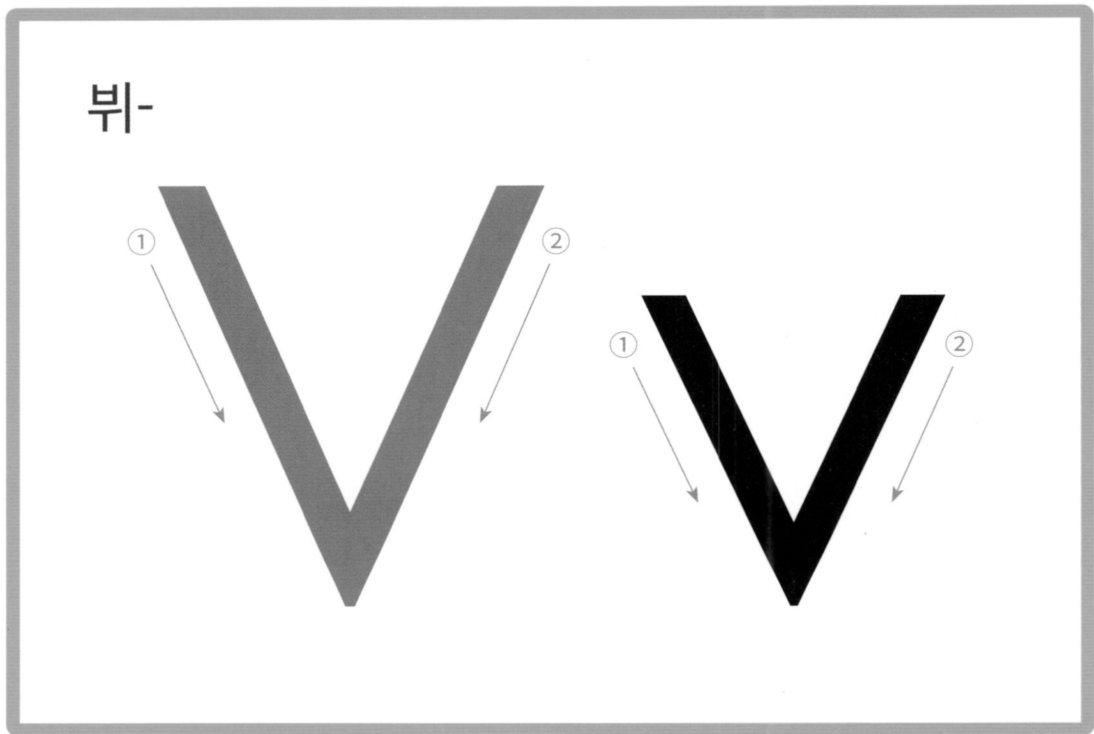

→ 순서에 맞게 따라 써보세요.

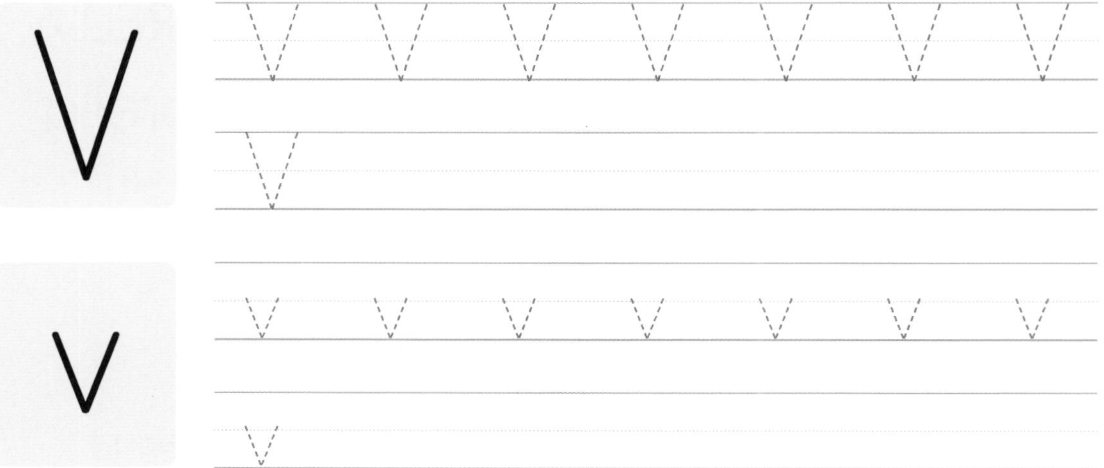

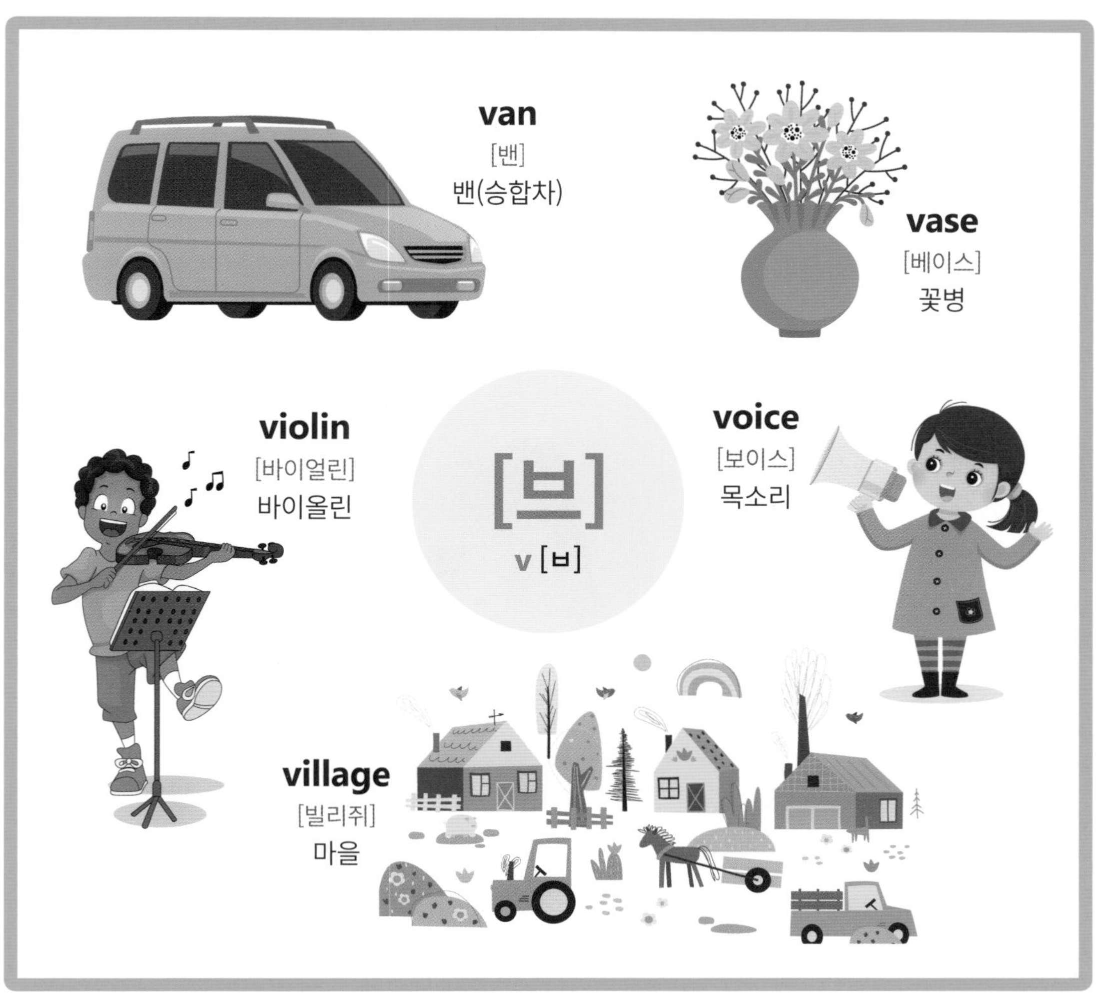

➜ 녹음을 듣고 밑줄 친 부분에 알파벳을 써서 단어를 완성하세요.

VAN	_ASE	VIOLIN
_an	vase	_iolin
[밴] 밴(승합차)	[베이스] 꽃병	[바이얼린] 바이올린
_ILLAGE	VOICE	_ERY
village	_oice	_ery
[빌리쥐] 마을	[보이스] 목소리	[베리] 대단히, 몹시

23

이 글자의 알파벳 이름은 더블유라고 해요.
더블유는 실제 단어에서 워로 소리가 나지만, 앞 또는 뒤에 오는 모음에 따라서 ㅗ ㅜ로 소리가 나서 ㅘ ㅟ ㅝ ㅞ의 소리를 만들어요.

→ 순서에 맞게 따라 써보세요.

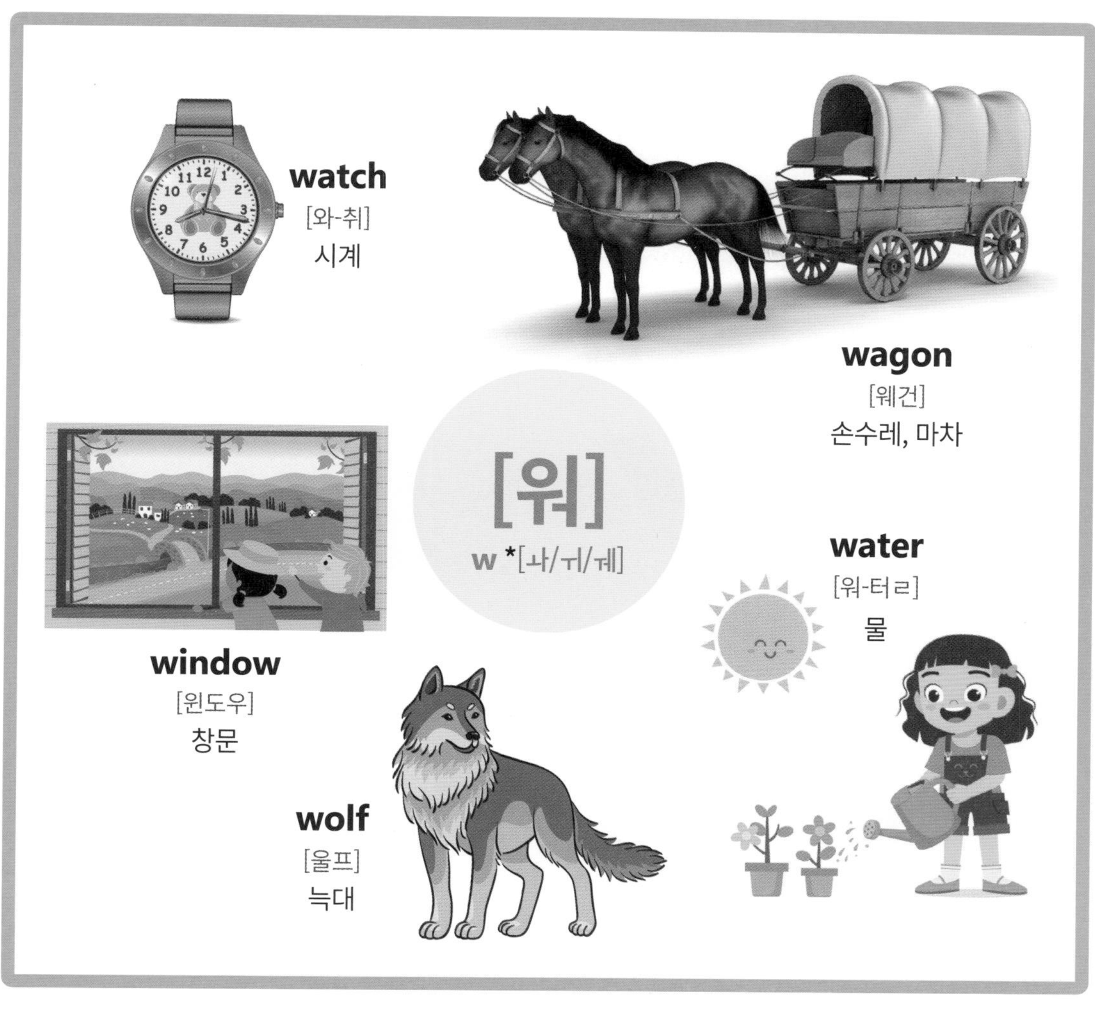

→ 녹음을 듣고 밑줄 친 부분에 알파벳을 써서 단어를 완성하세요.

WATCH	__AGON	WINDOW
__atch	wagon	__indow
[와-취] 시계	[웨건] 손수레, 마차	[윈도우] 창문
__OLF	WATER	__ASH
wolf	__ater	__ash
[울프] 늑대	[워-터ㄹ] 물	[와쉬] 씻다

24

이 글자의 알파벳 이름은 엑쓰라고 해요.
엑쓰는 실제로 단어에서는 크스로 소리가 나며 주로 받침소리로 많이 쓰이죠. 그래서 엑쓰로 시작하는 단어는 많지 않아요.

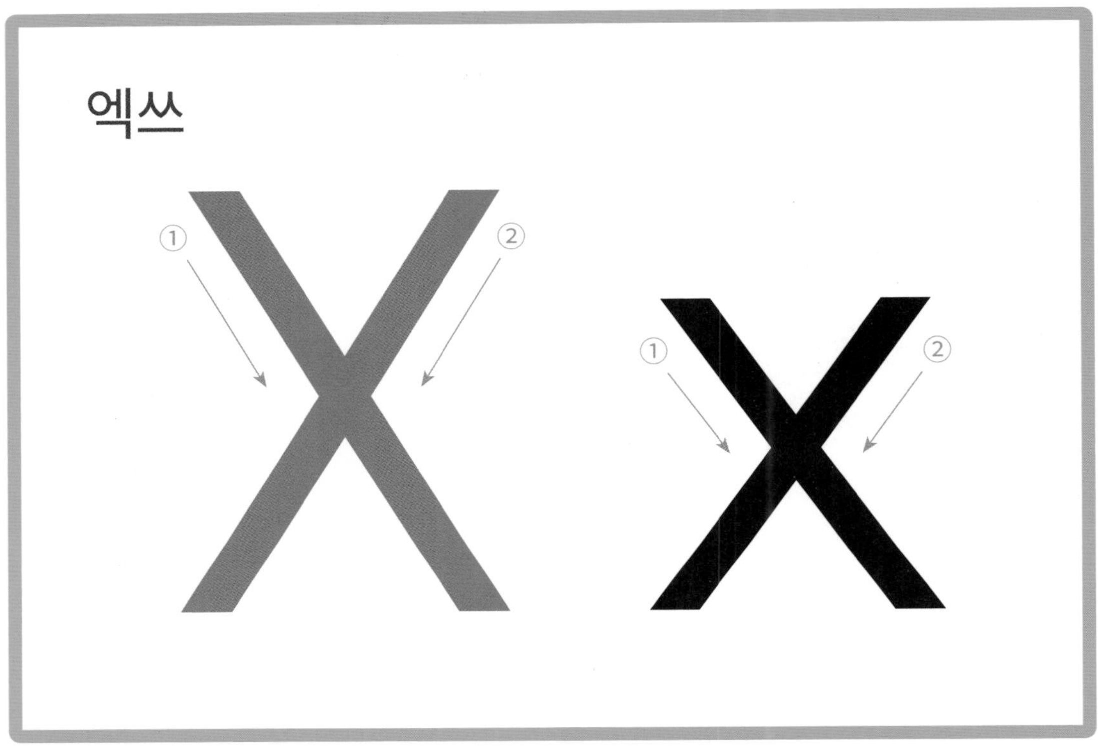

→ 순서에 맞게 따라 써보세요.

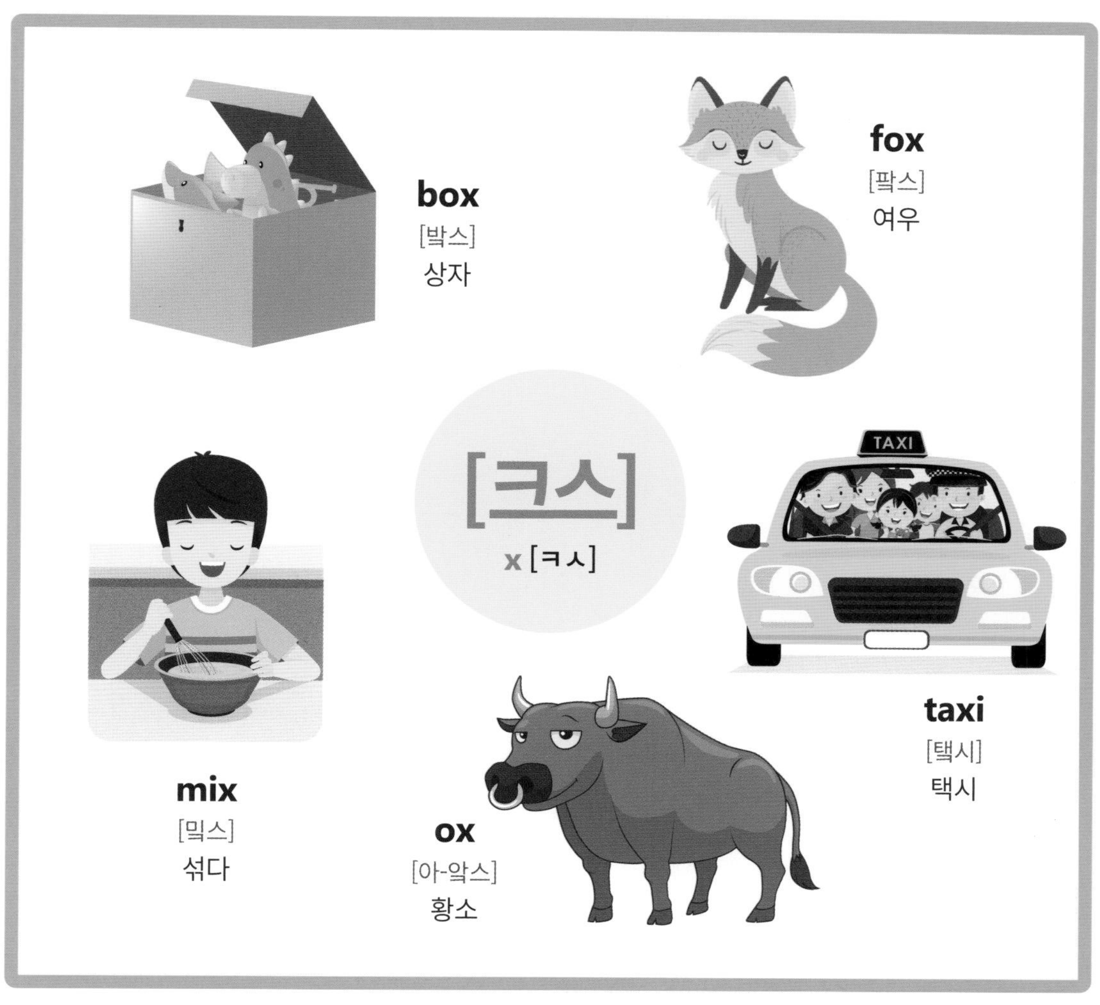

→ 녹음을 듣고 밑줄 친 부분에 알파벳을 써서 단어를 완성하세요.

BOX	FO_	MIX
bo_	fox	mi_
[박스] 상자	[팍스] 여우	[믹스] 섞다
O_	TAXI	_YLOPHONE
ox	ta_i	_ylophone
[아-악스] 황소	[택시] 택시	[자일러포운] 실로폰

다시 써보기 U ~ X

U부터 X까지 대문자를 써보세요.

U V W X

u부터 x까지 소문자를 써보세요.

u v w x

빈칸 채우기 U ~ X

 그림을 보고 단어에 맞는 알파벳을 빈칸에 써넣으세요.

 ___agon

 ___ncle

 ___an

 bo___

 ___atch

 ___indow

 ___mbrella

 mi___

 ___ylophone

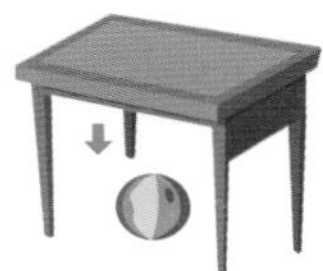 ___nder

 ___iolin

 fo___

 ___olf

 ___niform

 ___ase

 ___illage

25

이 글자의 알파벳 이름은 와이라고 해요.
와이는 실제로 단어에서는 이로 소리가 나요. 하지만 와이로 시작하는 단어에 모음이 오면 야 예 요 여로 발음하며, 모음 없이 단어 끝에 쓰일 때는 아이 또는 이-로 발음해요

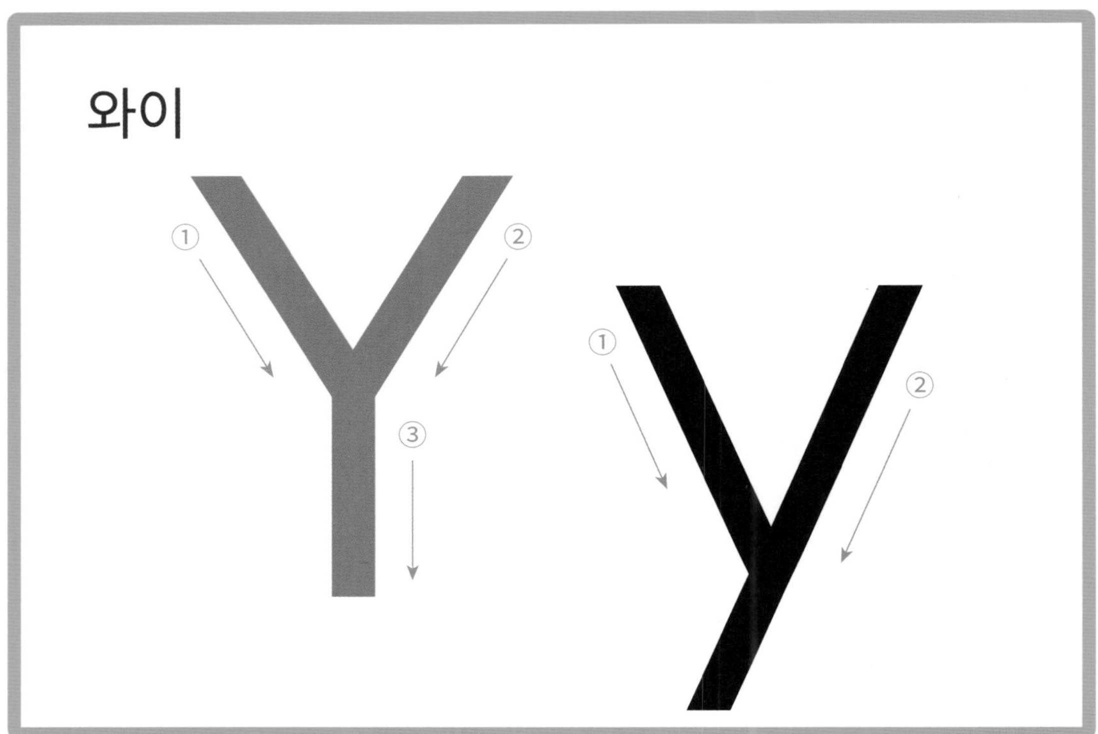

→ 순서에 맞게 따라 써보세요.

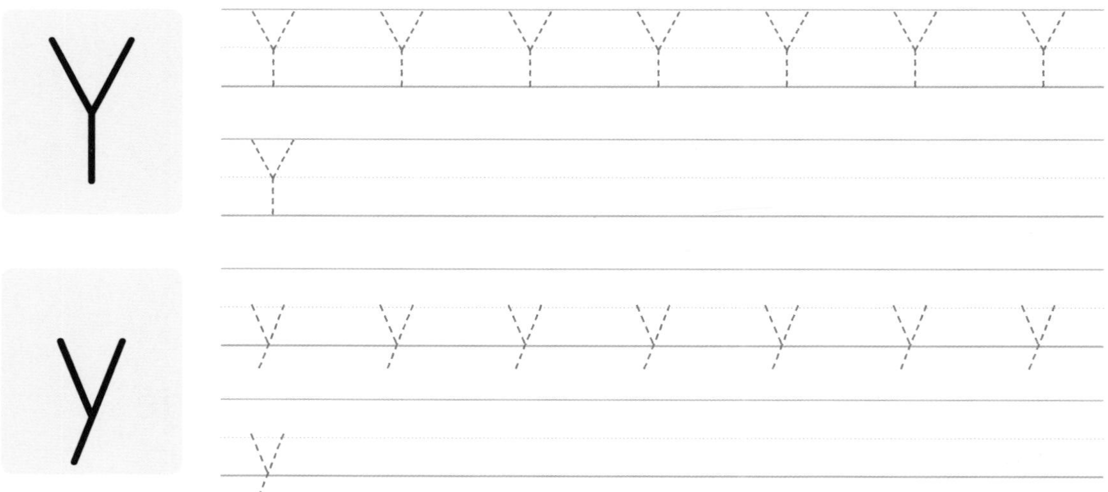

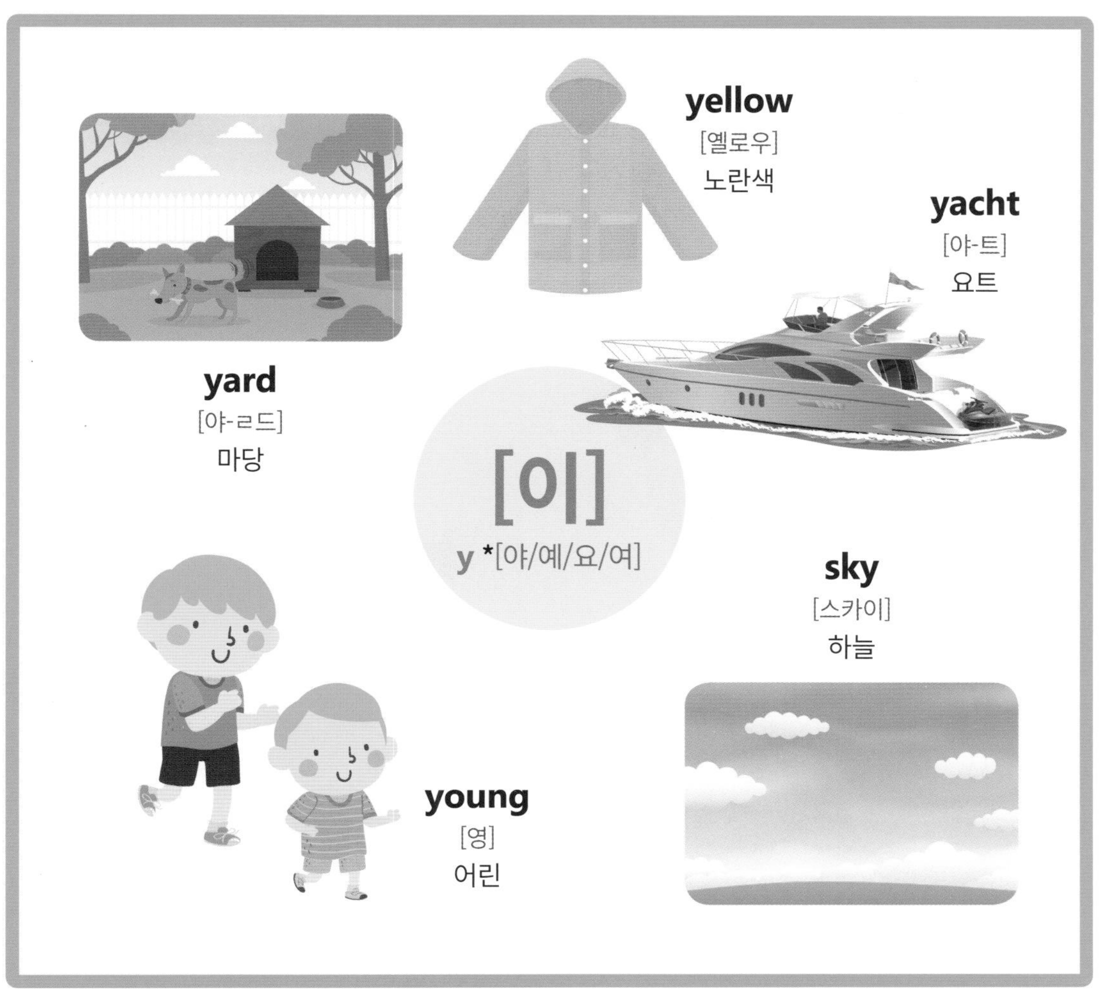

➜ 녹음을 듣고 밑줄 친 부분에 알파벳을 써서 단어를 완성하세요.

YARD _ard [야-ㄹ드] 마당	_ELLOW yellow [옐로우] 노란색	YACHT _acht [야-트] 요트
_OUNG young [영] 어린	SKY sk_ [스카이] 하늘	BAB_ bab_ [베이비] 아기

26

이 글자의 이름을 제트라고 한 적도 있지만 지금은 지-라고 해요.
앞서 배운 **g**와는 다른 소리로 지-는 실제로 단어에서는 [ㅈ(지읒)]으로 소리가 나며 **s**와 같은 요령으로 발음하되 목청을 떨며 내는 소리예요.

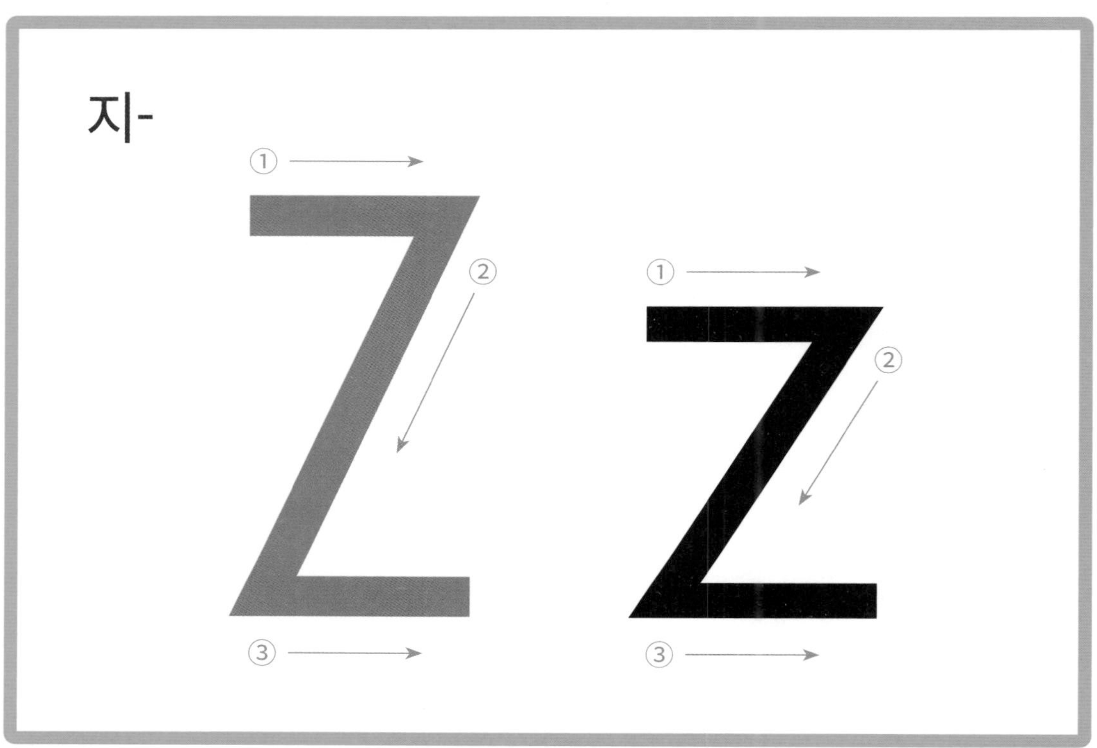

➜ 순서에 맞게 따라 써보세요.

Z

z

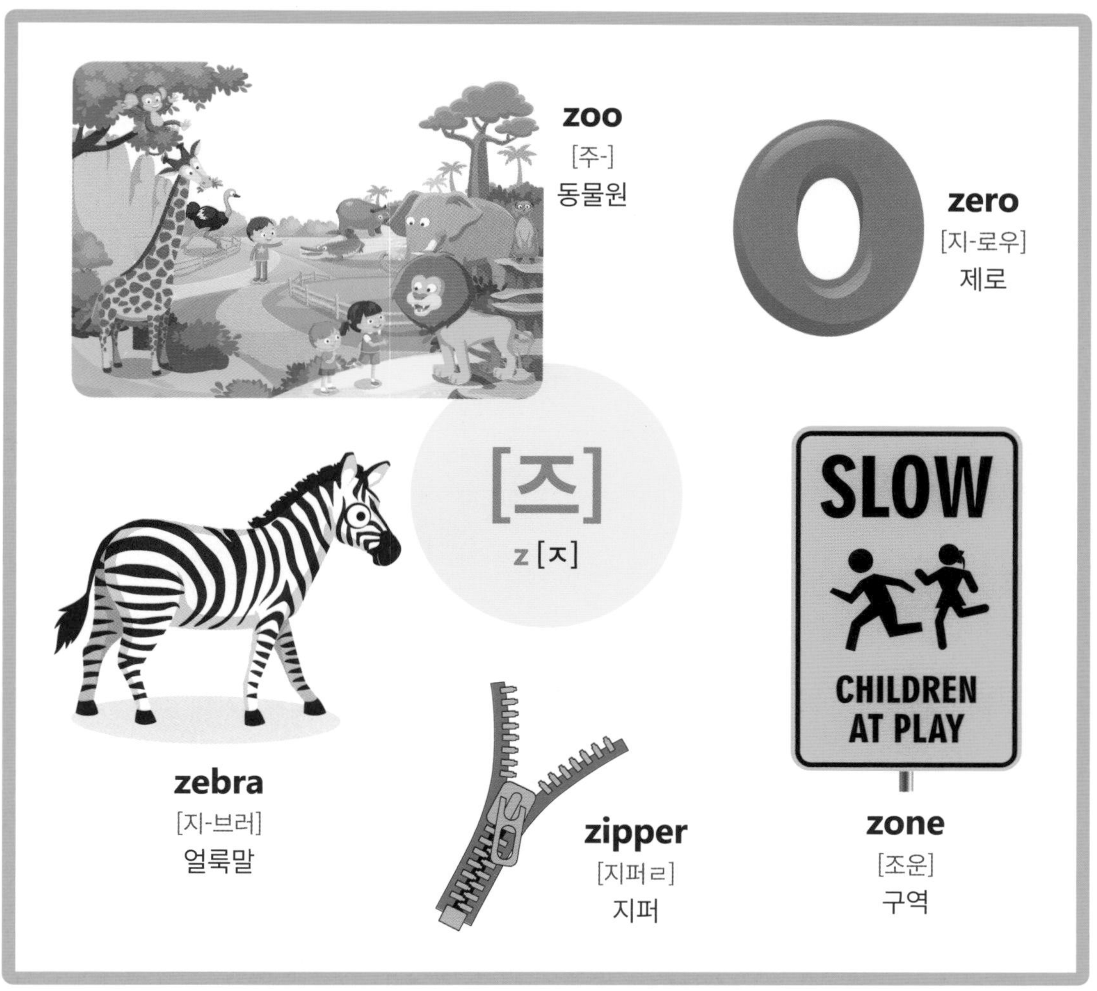

→ 녹음을 듣고 밑줄 친 부분에 알파벳을 써서 단어를 완성하세요.

ZOO _oo [주-] 동물원	_ERO zero [지-로우] 제로	ZEBRA _ebra [지-브러] 얼룩말
_IPPER zipper [지퍼ㄹ] 지퍼	ZONE _one [조운] 구역	_IGZAG _igzag [지그재그] 지그재그

다시 써보기 Y Z

Y Z 대문자와 y z 소문자를 써보세요.

Y Z

y z

빈칸 채우기 Y Z

그림을 보고 단어에 맞는 알파벳을 빈칸에 써넣으세요.

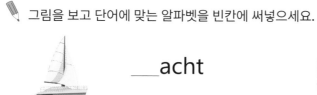

___acht

___oo

___ebra

___ellow

___oung

___ero

___ard

___ipper

Part
2

단모음
Short Vowels

a e i o u

단모음이란 자음과 함께 어울려 소리를 만드는 짧은 모음이란 뜻으로 영어의 알파벳에는 26개의 글자 중에 5개의 모음이 있어요. 나머지는 모두 자음이랍니다.

a b c d e f g h i j k l m n o p q r s t u v w x y z

단모음은 모음 a, e, i, o, u가 알파벳 이름과 다르게 각각의 소리가 나죠. 그리고 1음절 단어에서 모음 글자가 한 개만 있고, 모음 글자가 단어의 맨 앞이나 자음 글자 사이에 올 때는 단모음으로 소리가 납니다. 음절이란 발음이 되는 가장 작은 단위로 영어의 모음(a e i o u)에 해당하는 알파벳이 하나면 1음절, 둘이면 2음절이 되어요.

27

자음 + a + 자음 으로 이루어진 단어는 **a** 다음에 성대를 울리는 **g d n** 등이 오면 약간 긴 애 소리가 나죠. 하지만 **a** 다음에 성대를 울리지 않는 **t p k** 등이 오면 조금 짧은 애 소리가 나요.

a+g [애+ㄱ]	→	**ag** [액]	**b** [ㅂ]	+ **ag** [액]	→	**bag** [백]
a+d [애+ㄷ]	→	**ad** [앧]	**b** [ㅂ]	+ **ad** [앧]	→	**bad** [밷]
a+n [애+ㄴ]	→	**an** [앤]	**h** [ㅎ]	+ **and** [앤드]	→	**hand** [핸드]
a+t [애+ㅌ]	→	**at** [앹]	**b** [ㅂ]	+ **at** [앹]	→	**bat** [뱉]
a+p [애+ㅍ]	→	**ap** [앺]	**c** [ㅋ]	+ **ap** [앺]	→	**cap** [캪]
a+c [애+ㅋ]	→	**ac** [앸]	**t** [ㅌ]	+ **ack** [앸]	→	**tack** [탴]

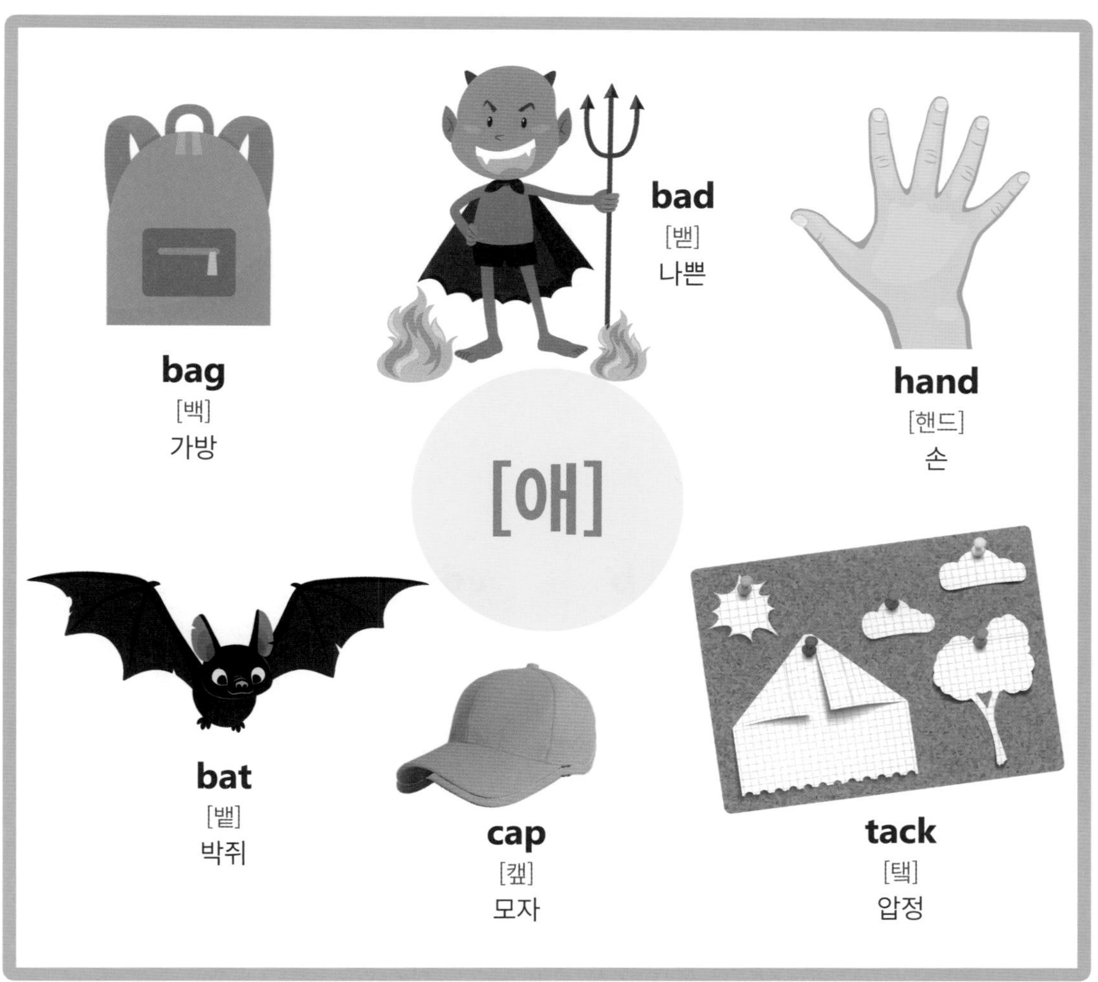

→ 단어를 따라 쓰면서 말해보세요.

bag [백] 가방	bag	bad [밷] 나쁜	bad
hand [핸드] 손	hand	bat [밷] 박쥐	bat
cap [캡] 모자	cap	tack [택] 압정	tack

28

(자음) + e + 자음으로 이루어진 단어에서 앞의 모음 a와 같이 성대를 울리는 g d n 등이 오면 e가 조금 긴 에 소리인데 비해, 성대를 울리지 않는 t p k 등이 오면 비교적 짧은 에 소리가 나요.

e+g [에+ㄱ]	→ eg [에그]	l [ㄹ]	+ eg [에그]	→ leg [레그]
e+d [에+ㄷ]	→ ed [에드]	b [ㅂ]	+ ed [에드]	→ bed [베드]
e+n [에+ㄴ]	→ en [엔]	p [ㅍ]	+ en [엔]	→ pen [펜]
e+t [에+ㅌ]	→ et [엩]	n [ㄴ]	+ et [엩]	→ net [넽]
e+p [에+ㅍ]	→ ep [엪]	st [스ㅌ]	+ ep [엪]	→ step [스텦]
e+s [에+ㅅ]	→ es [에스]	d [ㄷ]	+ esk [에스크]	→ desk [데스크]

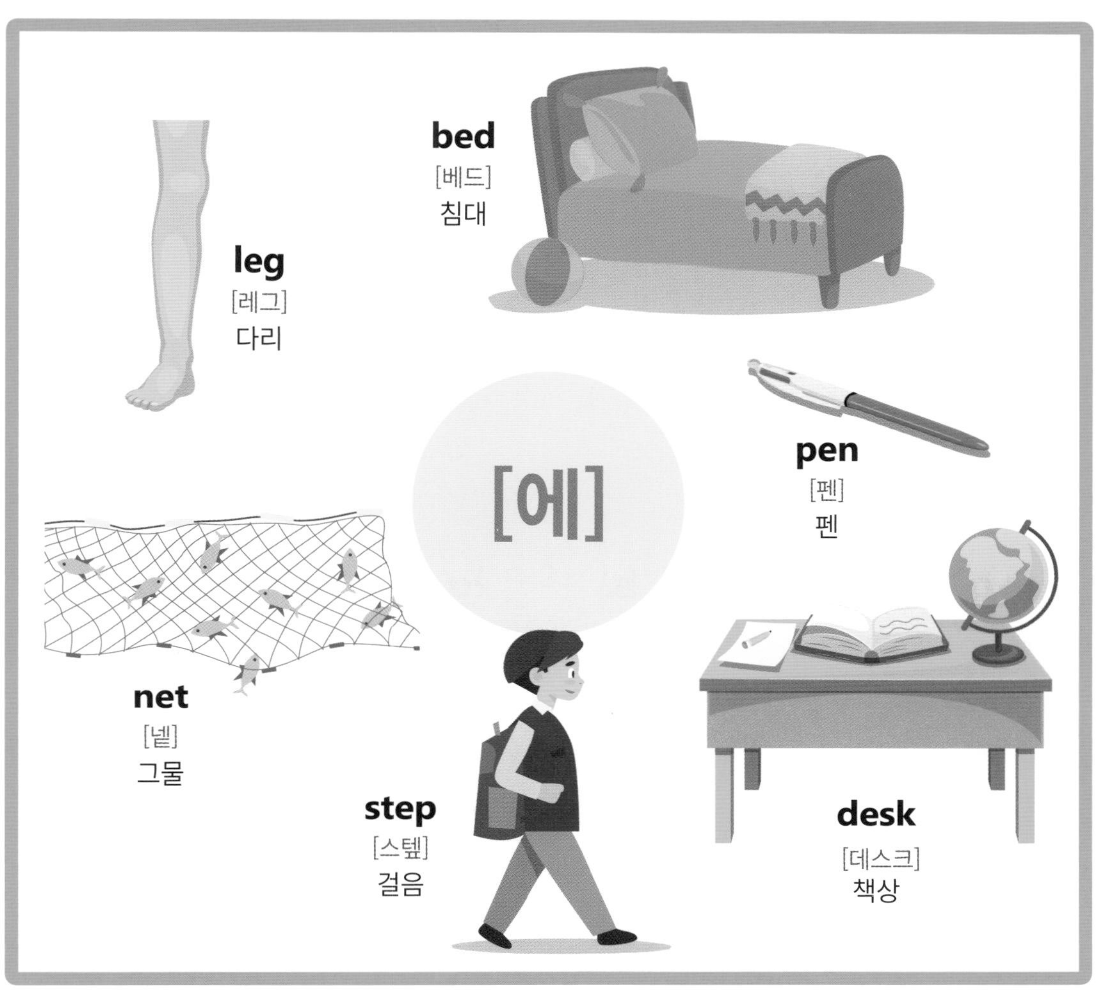

→ 단어를 따라 쓰면서 말해보세요.

leg [레그] 다리	leg	bed [베드] 침대	bed
pen [펜] 펜	pen	net [넫] 그물	net
step [스텝] 걸음	step	desk [데스크] 책상	desk

29

자음 + i + 자음으로 이루어진 단어에서는 앞의 **e**처럼 **g d n** 등이 오면 **i**가 조금 긴 이 소리가 나고, 성대를 울리지 않는 **t p k** 등이 오면 비교적 짧은 이 소리가 나죠.

i+c → **ic** [이+ㅋ] [읰]	**k** [ㅋ]	+ **ick** [읰]	→	**kick** [킼]
i+g → **ig** [이+ㄱ] [익]	**b** [ㅂ]	+ **ig** [익]	→	**big** [빅]
i+d → **id** [이+ㄷ] [읻]	**k** [ㅋ]	+ **id** [읻]	→	**kid** [킫]
i+n → **in** [이+ㄴ] [인]	**p** [ㅍ]	+ **in** [인]	→	**pin** [핀]
i+t → **it** [이+ㅌ] [잍]	**s** [ㅆ]	+ **it** [잍]	→	**sit** [앁]
i+p → **ip** [이+ㅍ] [잎]	**sh** [쉬]	+ **ip** [잎]	→	**ship** [슆]

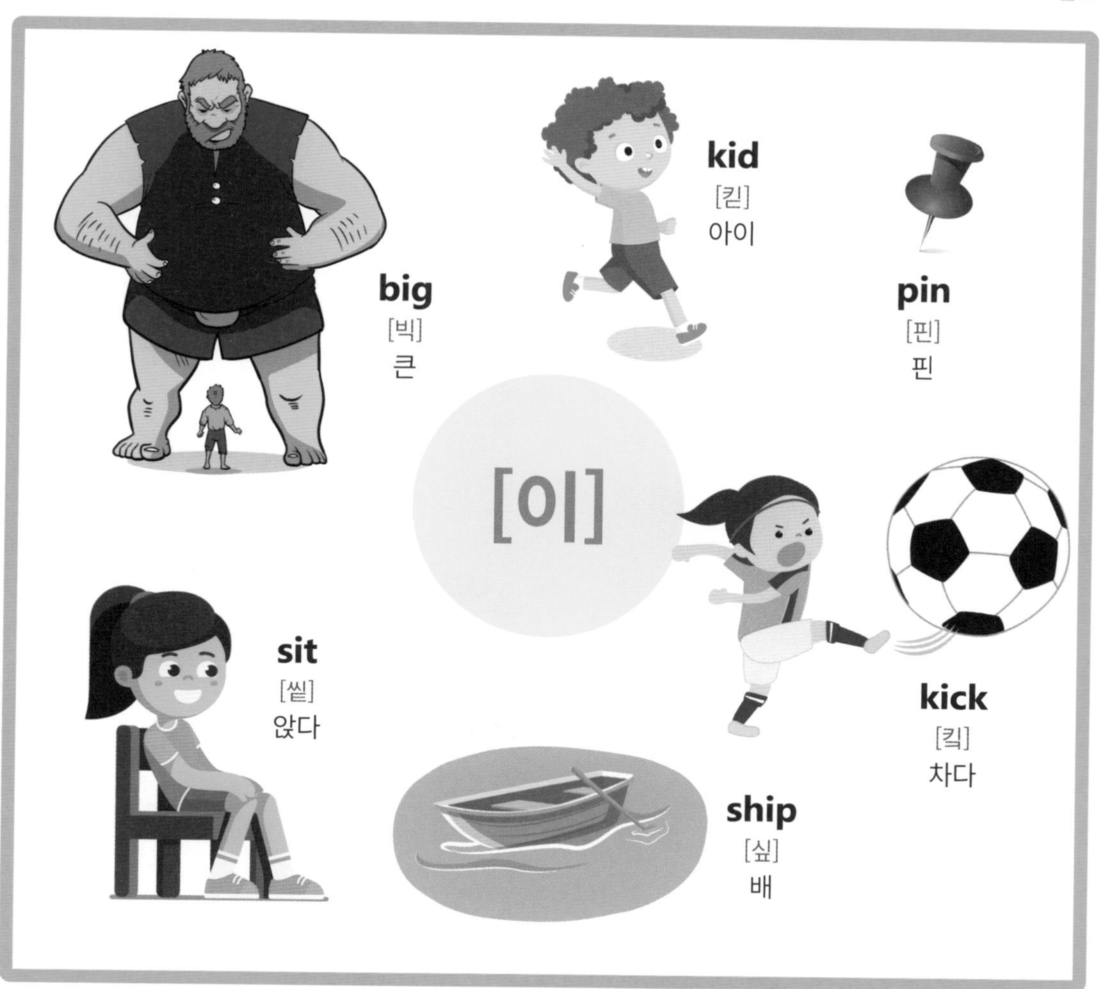

➜ 단어를 따라 쓰면서 말해보세요.

kick [킥] 차다	kick	big [빅] 큰	big
kid [킫] 아이	kid	pin [핀] 핀	pin
sit [씯] 앉다	sit	ship [쉽] 배	ship

30

자음 + o + 자음으로 이루어진 단어에서 영국 발음으로는 대부분 오에 가깝게 들리고, 미국 발음으로는 아에 가깝게 들리는 경우가 많은데 영국식, 미국식이 같은 경우도 많아요.

o+b → ob [아+ㅂ] [압]	j + ob [ㅈ] [압]	→	job [잡]
o+g → og [아+ㄱ] [악]	j + og [ㅈ] [악]	→	jog [작]
o+p → op [아+ㅍ] [앞]	t + op [ㅌ] [앞]	→	top [탚]
o+t → ot [아+ㅌ] [앝]	h + ot [ㅎ] [앝]	→	hot [핱]
o+x → ox [아+ㅋㅅ] [악스]	b + ox [ㅂ] [악스]	→	box [박스]
o+c → oc [아+ㅋ] [악]	cl + ock [클] [악]	→	clock [클락]

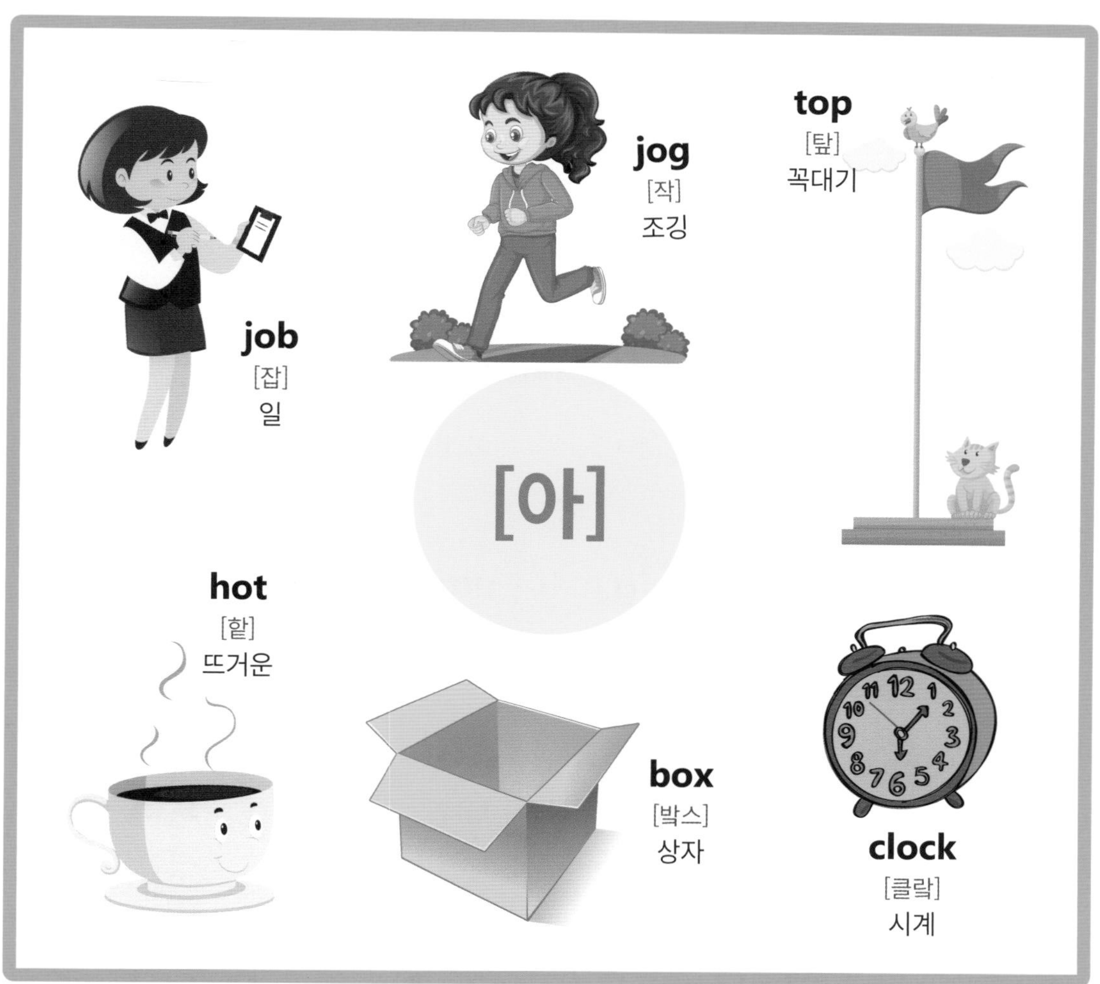

→ 단어를 따라 쓰면서 말해보세요.

job [잡] 일	job	jog [작] 조깅	jog
top [탑] 꼭대기	top	hot [핱] 뜨거운	hot
box [박스] 상자	box	clock [클랔] 시계	clock

31

자음 + u + 자음으로 이루어진 단어는 대체로 우리말의 아와 어의 중간 소리로 들리는 경우가 많은데 우리말에 없는 소리로 발음되죠.

u+g → **ug** [어+ㄱ] [어그]	**b** [ㅂ]	+	**ug** [어그]	→	**bug** [버그]
u+m → **um** [어+ㅁ] [엄]	**g** [ㄱ]	+	**um** [엄]	→	**gum** [검]
u+n → **un** [어+ㄴ] [언]	**s** [ㅆ]	+	**un** [언]	→	**sun** [썬]
u+p → **up** [어+ㅍ] [엎]	**c** [ㅋ]	+	**up** [엎]	→	**cup** [컾]
u+s → **us** [어+ㅅ] [어스]	**b** [ㅂ]	+	**us** [어스]	→	**bus** [버스]
u+t → **ut** [어+ㅌ] [엍]	**n** [ㄴ]	+	**ut** [엍]	→	**nut** [넡]

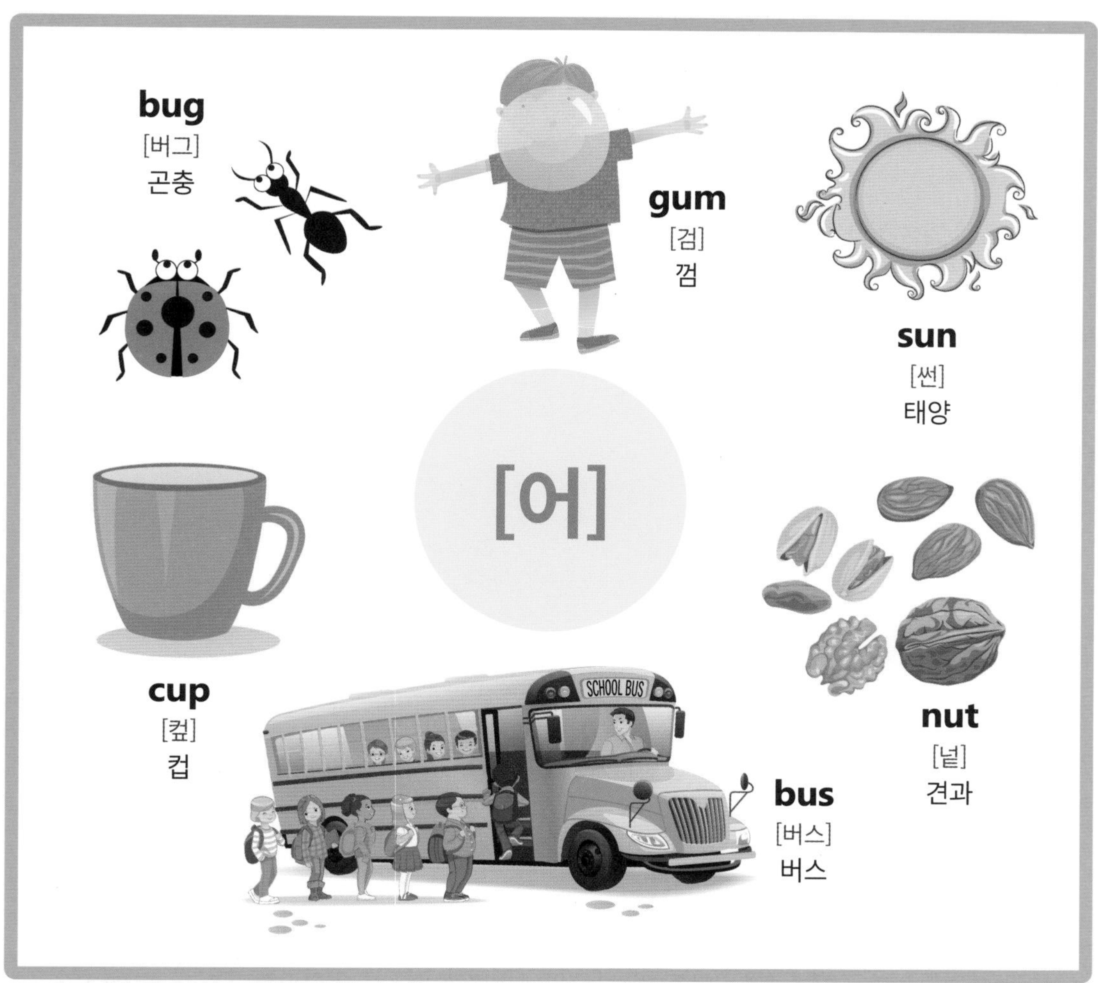

➜ 단어를 따라 쓰면서 말해보세요.

bug [버그] 곤충	bug	gum [검] 껌	gum
sun [썬] 태양	sun	cup [컾] 컵	cup
bus [버스] 버스	bus	nut [넡] 견과	nut

연습문제

A 한글 발음과 그 뜻을 보고 단어에 맞는 발음을 빈칸에 써넣으세요.

1 b__g [백] 가방

2 s__n [썬] 태양

3 b__d [밷] 나쁜

4 h__t [핱] 뜨거운

5 b__d [베드] 침대

6 sh__p [쉽] 배

7 d__sk [데스크] 책상

8 k__d [킫] 아이

9 t__p [탚] 꼭대기

10 b__s [버스] 버스

B 그림을 보고 단어에 맞는 발음을 빈칸에 써넣으세요.

1 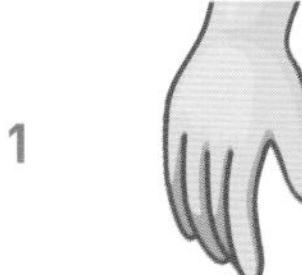 h__nd

2  c__p

3  k__ck

4  __gg

5  b__x

6  c__p

해답 A 1. a 2. u 3. a 4. o 5. e 6. i 7. e 8. i 9. o 10. u
B 1. a 2. u 3. i 4. e 5. o 6. a

Part

3

장모음

Long Vowels

a e i o u

장모음이란 단모음 a e i o u를 좀 더 길게 소리 내는 것을 말해요. 장모음은 단모음과 달리 모음 a e i o u가 알파벳 이름과 똑같이 소리가 나죠.

1음절 단어에 두 개의 모음 글자가 있을 때 첫 모음 글자는 알파벳 이름과 똑같은 소리를 내며 뒤의 모음 글자는 소리를 내지 않아요. 뒤에 소리를 내지 않는 모음 글자로 e가 오는 경우가 많죠.

32

-e로 끝나는 단어들은
그 앞의 모음이 주로 자기 이름대로 소리가 나죠.

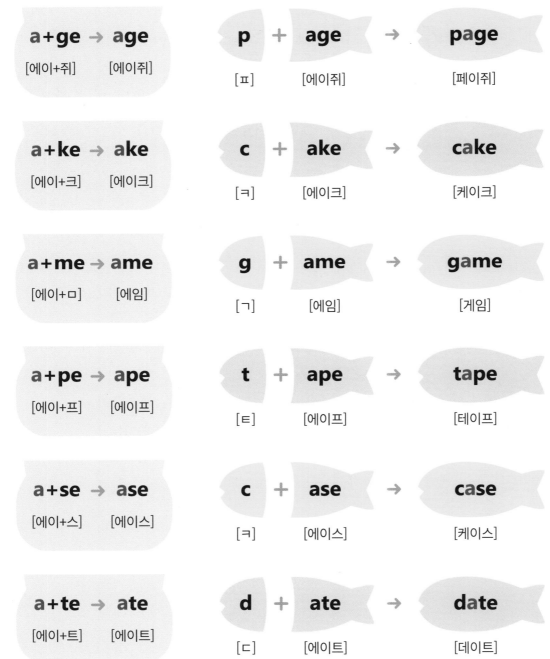

a+ge → age [에이+쥐] [에이쥐]	p [ㅍ]	+ age [에이쥐]	→	page [페이쥐]
a+ke → ake [에이+크] [에이크]	c [ㅋ]	+ ake [에이크]	→	cake [케이크]
a+me → ame [에이+ㅁ] [에임]	g [ㄱ]	+ ame [에임]	→	game [게임]
a+pe → ape [에이+프] [에이프]	t [ㅌ]	+ ape [에이프]	→	tape [테이프]
a+se → ase [에이+스] [에이스]	c [ㅋ]	+ ase [에이스]	→	case [케이스]
a+te → ate [에이+트] [에이트]	d [ㄷ]	+ ate [에이트]	→	date [데이트]

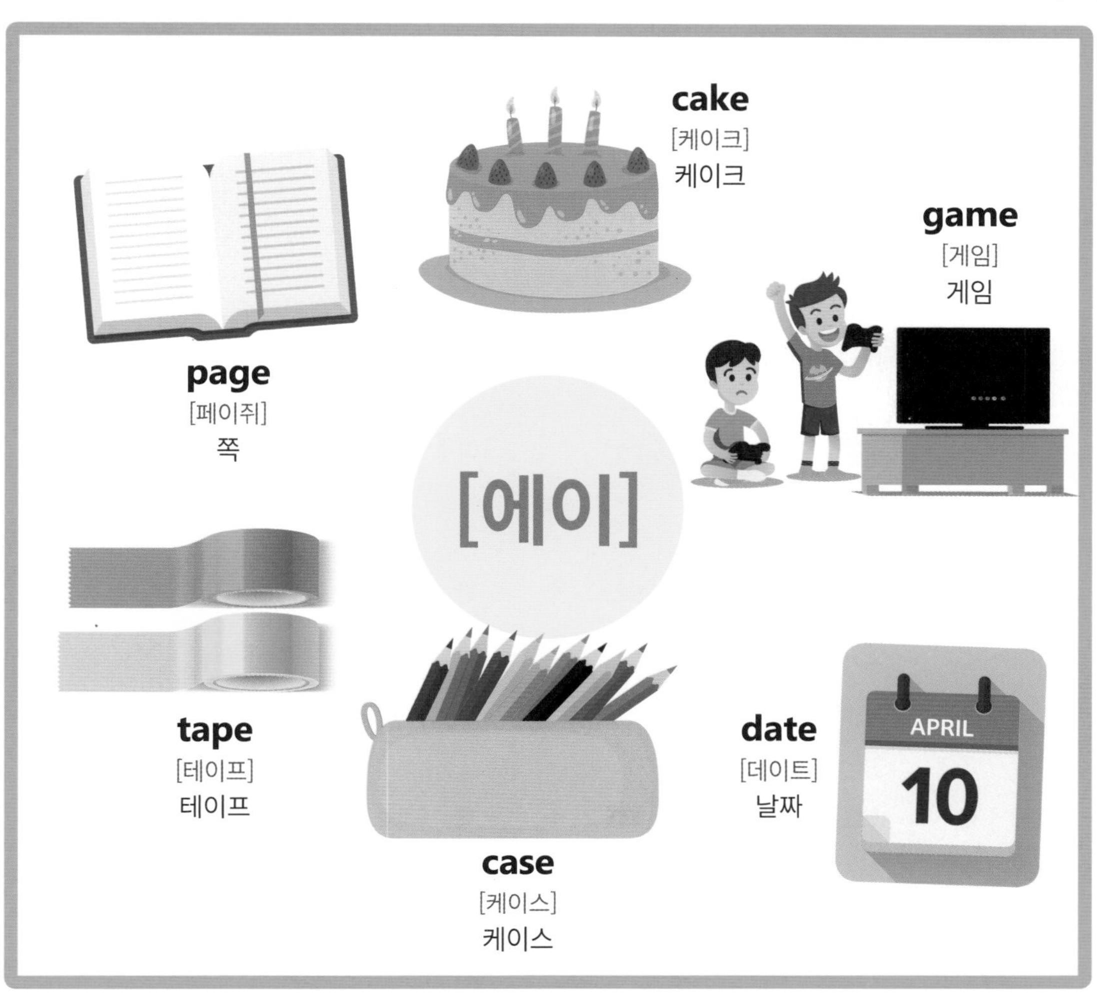

➜ 단어를 따라 쓰면서 말해보세요.

page [페이쥐] 쪽	page	cake [케이크] 케이크	cake
game [게임] 게임	game	tape [테이프] 테이프	tape
case [케이스] 케이스	case	date [데이트] 날짜	date

33

e

[이-]

e가 다른 모음 없이 혼자 길어지는 경우와 e 다음에 자음이 나오고 또 e가 나오는 경우에는 주로 이-처럼 들려요.

h+e → he [ㅎ+이-] [히-]	h [ㅎ]	+ e [이-]	→ he [히-]
sh+e → she [쉬+이-] [쉬-]	sh [쉬]	+ e {이-]	→ she [쉬-]
m+e → me [ㅁ+이-] [미-]	m [ㅁ]	+ e [이-]	→ me [미-]
w+e → we [우+이-] [위-]	w [우]	+ e [이-]	→ we [위-]
e+re → ere [이- +어] [이-어]	h [ㅎ]	+ ere [이-어]	→ here [히-어]
e+se → ese [이- +즈] [이-즈]	th [ㄷ]	+ ese [이-즈]	→ these [디-즈]

→ 단어를 따라 쓰면서 말해보세요.

he [히-] 그	he	she [쉬-] 그녀	she
me [미-] 나를	me	we [위-] 우리	we
here [히-어] 여기	here	these [디-즈] 이것들	these

34

i

[아이]

자음 + i + 자음 + e로 이루어진 단어는 i의 이름인 아이로 소리가 나요.

i+ce → ice [아이+스] [아이스]	r [ㄹ]	+	ice [아이스]	→	rice [라이스]
i+de → ide [아이+드] [아이드]	s [ㅆ]	+	ide [아이드]	→	side [싸이드]
i+ke → ike [아이+크] [아이크]	b [ㅂ]	+	ike [아이크]	→	bike [바이크]
i+me → ime [아이+ㅁ] [아임]	t [ㅌ]	+	ime [아임]	→	time [타임]
i+ne → ine [아이+ㄴ] [아인]	l [ㄹ]	+	ine [아인]	→	line [라인]
i+te → ite [아이+트] [아이트]	k [ㅋ]	+	ite [아이트]	→	kite [카이트]

→ 단어를 따라 쓰면서 말해보세요.

rice [라이스] 쌀, 밥	rice	side [싸이드] 옆, 측면	side
bike [바이크] 자전거	bike	time [타임] 시간	time
line [라인] 선	line	kite [카이트] 연	kite

35

앞의 **a i** 등과 마찬가지로 **자음 + o + 자음 + e**로 이루어진 단어는 **o**의 이름인 오우로 소리가 나죠.

o+le → ole [오우+ㄹ] [오울]	**p** [ㅍ]	+	**ole** [오울]	→	**pole** [포울]
o+me → ome [오우+ㅁ] [오움]	**h** [ㅎ]	+	**ome** [오움]	→	**home** [호움]
o+ne → one [오우+ㄴ] [오운]	**z** [ㅈ]	+	**o+ne** [오운]	→	**zone** [조운]
o+pe → ope [오우+ㅍ] [오우프]	**r** [ㄹ]	+	**ope** [오우프]	→	**rope** [로우프]
o+se → ose [오우+ㅈ] [오우즈]	**h** [ㅎ]	+	**ose** [오우즈]	→	**hose** [호우즈]
o+te → ote [오우+ㅌ] [오우트]	**n** [ㄴ]	+	**ote** [오우트]	→	**note** [노우트]

➜ 단어를 따라 쓰면서 말해보세요.

pole [포울] 막대기	pole	home [호움] 집(가정)	home
zone [조운] 구역	zone	rope [로우프] 로프	rope
hose [호우즈] 호스	hose	note [노우트] 공책	note

36

자음 + u + 자음 + e로 이루어진 단어 역시 -**e**로 끝나기 때문에 자기 이름인 유- 에 가깝게 발음되어요.

u+be → ube [유- +브] [유-브]	**c** [ㅋ]	+	**ube** [유-브]	→ **cube** [큐-브]
u+ge → uge [유- +쥐] [유-쥐]	**h** [ㅎ]	+	**uge** [유-쥐]	→ **huge** [휴-쥐]
u+le → ule [유- +ㄹ] [유-울]	**m** [ㅁ]	+	**ule** [유-울]	→ **mule** [뮤-울]
u+ne → une [유- +ㄴ] [유-운]	**j** [ㅈ]	+	**une** [유-운]	→ **June** [쥬-운]
u+se → use [유- +즈] [유-즈]	**f** [ㅍ]	+	**use** [유-즈]	→ **fuse** [퓨-즈]
u+te → ute [유- +트] [유-트]	**m** [ㅁ]	+	**ute** [유-트]	→ **mute** [뮤-트]

➔ 단어를 따라 쓰면서 말해보세요.

cube
cube
[큐-브] 큐브

huge
huge
[휴-쥐] 엄청난

mule
mule
[뮤-울] 노새

June
June
[쥬-운] 6월

fuse
fuse
[퓨-즈] 퓨즈

mute
mute
[뮤-트] 말없는

연습문제

A 한글 발음과 그 뜻을 보고 단어에 맞는 발음을 빈칸에 써넣으세요.

1 p__ge [페이쥐] 쪽

2 l__ne [라인] 선

3 sh__ [쉬-] 그녀

4 n__te [노우트] 공책

5 t__me [타임] 시간

6 f__se [퓨-즈] 퓨즈

7 h__re [히-어] 여기

8 z__ne [조운] 구역

9 g__me [게임] 게임

10 J__ne [쥬-운] 6월

B 그림을 보고 단어에 맞는 발음을 빈칸에 써넣으세요.

1  c__ke

2  w__

3  b__ke

4 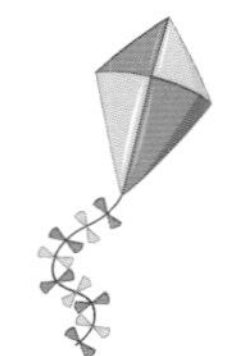 k__te

5  h__se

6  c__be

해답 A 1. a 2. i 3. e 4. o 5. i 6. u 7. e 8. o 9. a 10. u
B 1. a 2. e 3. i 4. i 5. o 6. u

Part

4

이중자음

Double Consonants

자음+h	ch sh th wh
자음+l	bl cl fl gl pl sl
자음+r	br cr dr fr gr pr tr
s+자음	sc sk sm sn sp st sw
n+자음	_ng _nk _nd _nt

자음은 앞서 배운 모음 a e i o u를 제외한 나머지 알파벳을 말해요.

Part 1에서 알파벳을 배우면서 자음은 배웠기 때문에 여기서는 별도로 다루지 않고 이중자음만 다루기로 할게요. 이중자음도 이중모음과 마찬가지로 자음 두 개가 나란히 붙어 소리를 내는 것을 말해요.

37

혼합자음
Blending Consonants

자음끼리 만나 소리가 합쳐지면 본래의 소리를 내지 않고 전혀 새로운 소리가 나는 경우도 있는데 이것을 혼합자음이라고 해요.

자음+h / ch sh th wh

c+h → ch [크+ㅎ] [취]	ch [ㅊ]	+ urch [어-취]	→ church [처-취] 교회
s+h → sh [스+ㅎ] [쉬]	shi [쉬]	+ ft [프트]	→ shift [쉬프트] 옮기다
t+h → th [트+ㅎ] [쓰/드]	too [투-]	+ th [쓰]	→ tooth [투-쓰] 이, 치아
w+h → wh [우+ㅎ] [우]	wh [우]	+ istle [이슬]	→ whistle [위슬] 호루라기

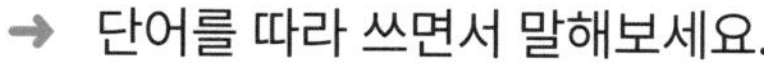

➜ 단어를 따라 쓰면서 말해보세요.

cheese
[취-즈] 치즈

cheese

chicken
[취킨] 치킨

chicken

rich
[리취] 풍부한

rich

bench
[벤취] 벤치

bench

lunch
[런취] 점심

lunch

church
[처-취] 교회

church

37

➜ 단어를 따라 쓰면서 말해보세요.

shop [샵] 가게	shop		
ship [쉽] 배	ship		
shell [쉘] 조개	shell		
fish [피쉬] 물고기	fish		
dish [디쉬] 접시	dish		
shift [쉬프트] 옮기다	shift		

th
[쓰/드]

➜ 단어를 따라 쓰면서 말해보세요.

three [쓰리-] 3, 셋	three		
think [씽크] 생각하다	think		
math [메쓰] 수학	math		
this [디쓰] 이것	this		
that [댙] 저것	that		
tooth [투-쓰] 이, 치아	tooth		

37

➜ 단어를 따라 쓰면서 말해보세요.

whale [웨일] 고래	whale		
where [웨어-] 어디에	where		
when [웬] 언제	when		
what [웥] 무엇	what		
wheel [위-일] 바퀴	wheel		
whistle [위슬] 호루라기	whistle		

연습문제

A 한글 발음과 그 뜻을 보고 단어에 맞는 발음을 빈칸에 써넣으세요.

1 ____eese [취-즈] 치즈
2 ____ink [씽크] 생각하다
3 chur____ [처-취] 교회
4 fi____ [피쉬] 물고기
5 lun____ [런취] 점심
6 ____op [샵] 가게
7 ____eel [위-일] 바퀴
8 ____en [웬] 언제
9 too____ [투-쓰] 이, 치아
10 ____istle [위슬] 호루라기

B 그림을 보고 단어에 맞는 발음을 빈칸에 써넣으세요.

1  ____icken

2 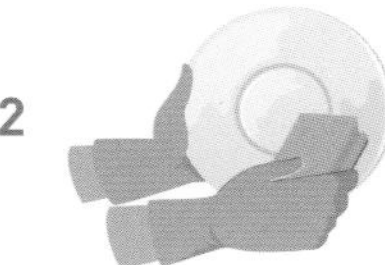 di____

3 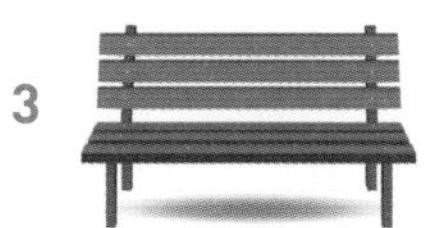 ben____

4  ____ale

5  ma____

6  ____ell

해답 A. 1. ch 2. th 3. ch 4. sh 5. ch 6. sh 7. wh 8. wh 9. th 10. wh
B. 1. ch 2. sh 3. ch 4. wh 5. th 6. sh

38

여러 가지 첫소리 자음 뒤에 l이 붙어서 나는 이중자음예요.

자음+l / bl cl fl gl pl sl

b+l → bl [브+ㄹ] [블]	bl [블]	+	ind [아인드]	→ blind [블라인드] 눈이 먼
c+l → cl [크+ㄹ] [클]	cl [클]	+	ay [에이]	→ clay [클레이] 찰흙
f+l → fl [프+ㄹ] [플]	fl [플]	+	ow [오우]	→ flow [플로우] 흐름
g+l → gl [그+ㄹ] [글]	gl [글]	+	obe [오우브]	→ globe [글로우브] 지구본
p+l → pl [프+ㄹ] [플]	pl [플]	+	ate [에이트]	→ plate [플레이트] 접시
s+l → sl [스+ㄹ] [슬]	sl [슬]	+	ope [로우프]	→ slope [슬로우프] 경사지

➜ 단어를 따라 쓰면서 말해보세요.

blue
[블루-] 파란색
blue

black
[블랙] 검정색
black

blog
[블로그] 블로그
blog

block
[블라-악] 블록
block

blanket
[블랭킽] 담요
blanket

blind
[블라인드] 눈이 먼
blind

38

→ 단어를 따라 쓰면서 말해보세요.

clock [클락] 시계	clock		
clip [클맆] 클립	clip		
class [클래스] 학급, 등급	class		
clown [클라운] 광대	clown		
clap [클랩] 박수를 치다	clap		
clay [클레이] 찰흙	clay		

➜ 단어를 따라 쓰면서 말해보세요.

flag [플래그] 깃발	flag		
flower [플라워] 꽃	flower		
flame [플레임] 불꽃	flame		
floor [플로-] 마루, 층	floor		
fly [플라이] 날다	fly		
flow [플로우] 흐름	flow		

38

➜ 단어를 따라 쓰면서 말해보세요.

단어	따라 쓰기		
glass [글래스] 유리(잔)	glass		
glad [글래드] 기쁜	glad		
glide [글라이드] 미끄러짐	glide		
glove [글러브] 장갑	glove		
glue [글루-] 풀, 접착제	glue		
globe [글로우브] 지구본	globe		

pl
[플]

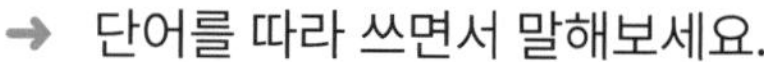

➜ 단어를 따라 쓰면서 말해보세요.

단어	따라 쓰기		
play [플레이] 놀다	play		
plane [플레인] 평면	plane		
plant [플랜트] 식물	plant		
plug [플러그] (전기) 플러그	plug		
plus [플러스] 플러스	plus		
plate [플레이트] 접시	plate		

38

→ 단어를 따라 쓰면서 말해보세요.

slide [슬라이드] 미끄러지다	slide		
sleep [슬리-프] 잠자다	sleep		
sled [슬레드] 썰매	sled		
slice [슬라이스] 얇은 조각	slice		
slipper [슬리퍼] 슬리퍼	slipper		
slope [슬로우프] 경사지	slope		

연습문제

A 한글 발음과 그 뜻을 보고 단어에 맞는 발음을 빈칸에 써넣으세요.

1 ____ack [블랙] 검정색

2 ____ock [블라-악] 블록

3 ____ay [클레이] 찰흙

4 ____ock [클락] 시계

5 ____ame [플레임] 불꽃

6 ____y [플라이] 날다

7 ____ass [글래스] 유리(잔)

8 ____us [플러스] 플러스

9 ____ay [플레이] 놀다

10 ____ed [슬레드] 썰매

B 그림을 보고 단어에 맞는 발음을 빈칸에 써넣으세요.

1  ____anket

2  ____own

3  ____ag

4 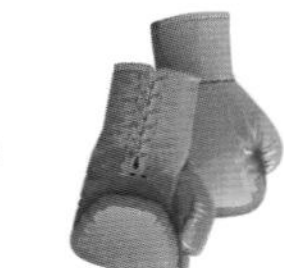 ____ove

  ____obe

6  ____ate

해답
A 1. bl 2. bl 3. cl 4. cl 5. fl 6. fl 7. gl . pl 9. pl 10. sl
B 1. bl 2. cl 3. fl 4. gl 5. gl 6. pl

39

여러 가지 첫소리 자음 뒤에 **r**이 붙어서 나는 소리예요.

자음+r / br cr dr fr gr pr tr

b+r → **br** [브+ㄹ] [브뤄]	**br** [브ㄹ]	+ **eath** [에스]	→	**breath** [브레쓰] 입김(숨)
c+r → **cr** [크+ㄹ] [크뤄]	**cr** [크ㄹ]	+ **ack** [액]	→	**crack** [크랙] 갈라지다
d+r → **dr** [드+ㄹ] [드뤄]	**dr** [드ㄹ]	+ **um** [엄]	→	**drum** [드럼] 드럼
f+r → **fr** [프+ㄹ] [프뤄]	**fr** [프ㄹ]	+ **om** [엄]	 →	**from** [프럼] ~부터
g+r → **gr** [그+ㄹ] [그뤄]	**gr** [그ㄹ]	+ **ow** [오우]	→	**grow** [그로우] 자라다
p+r → **pr** [프+ㄹ] [프뤄]	**pr** [프ㄹ]	+ **ice** [아이스]	 →	**price** [프라이스] 가격
t+r → **tr** [트+ㄹ] [트뤄]	**tr** [트ㄹ]	+ **avel** [애블] 	→	**travel** [트래블] 여행

br
[브뤄]

➜ 단어를 따라 쓰면서 말해보세요.

bread
[브레드] 빵
bread

break
[브레잌] 깨지다
break

brush
[브러쉬] 솔
brush

brain
[브레인] 뇌
brain

brunch
[브런취] 브런치, 아침 겸 점심
brunch

breath
[브레쓰] 입김[숨]
breath

39

➜ 단어를 따라 쓰면서 말해보세요.

crab [크랩] 게	crab		
crayon [크레이언] 크레용	crayon		
crown [크라운] 왕관	crown		
cracker [크래커] 크래커	cracker		
credit [크레딭] 신용	credit		
crack [크랙] 갈라지다	crack		

➜ 단어를 따라 쓰면서 말해보세요.

drive [드라이브] 운전하다	drive		
dress [드레쓰] 드레스	dress		
dragon [드레건] 용	dragon		
dream [드림] 꿈	dream		
draw [도로우] 끌다	draw		
drum [드럼] 드럼	drum		

39

→ 단어를 따라 쓰면서 말해보세요.

frame [프레임] 뼈대	frame		
friend [프렌드] 친구	friend		
frog [프러그] 개구리	frog		
from [프럼] ~부터	from		
front [프런트] 정면	front		
fruit [프루-트] 과일	fruit		

➜ 단어를 따라 쓰면서 말해보세요.

grape
[그레잎] 포도
grape

grass
[그래쓰] 풀
grass

great
[그레잍] 거대한
great

green
[그린] 녹색
green

ground
[그라운드] 운동장
ground

grow
[그로우] 자라다
grow

39

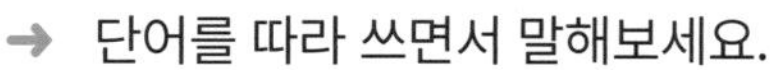

prince [프린쓰] 왕자	prince		
present [프레즌트] 선물	present		
provide [프러바이드] 공급하다	provide		
profile [프로우파일] 옆모습	profile		
prefer [프리퍼-] ~을 좋아하다	prefer		
price [프라이스] 가격	price		

→ 단어를 따라 쓰면서 말해보세요.

tree [트리-] 나무	tree		
train [트레인] 열차	train		
truck [트럭] 트럭	truck		
tray [트레이] 쟁반	tray		
trunk [트렁크] 트렁크	trunk		
travel [트래블] 여행	travel		

연습문제

A 한글 발음과 그 뜻을 보고 단어에 맞는 발음을 빈칸에 써넣으세요.

1 ____ush [브러쉬] 솔

2 ____ab [크랩] 게

3 ____iend [프렌드] 친구

4 ____een [그린] 녹색

5 ____ice [프라이스] 가격

6 ____eam [드림] 꿈

7 ____uit [프루-트] 과일

8 ____ee [트리-] 나무

9 ____ain [브레인] 뇌

10 ____ound [그라운드] 운동장

B 그림을 보고 단어에 맞는 발음을 빈칸에 써넣으세요.

1 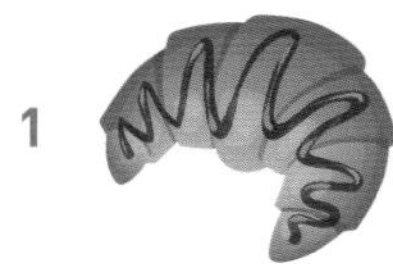 ____ead

2  ____own

3  ____ape

4  ____um

5   ____og

6 ____ain

해답
A 1. br 2. cr 3. fr 4. gr 5. pr 6. dr 7. fr 8. tr 9. br 10. gr
B 1. br 2. cr 3. gr 4. dr 5. fr 6. tr

자음 s 뒤에 여러 가지 자음이 겹쳐 나는 소리예요.

s+자음 / sc sk sm sn sp st sw

s+c → sc [스+ㅋ] [스크]	sc [스ㅋ]	+ ore [오-]	→	score [스코-] 점수
s+k → sk [스+ㅋ] [스크]	sk [스ㅋ]	+ in [인]	→	skin [스킨] 피부
s+m → sm [스+ㅁ] [스므]	sm [스ㅁ]	+ art [아-트]	→	smart [스마-트] 영리한
s+n → sn [스+ㄴ] [스느]	sn [스ㄴ]	+ iper [아이퍼]	→	sniper [스나이퍼] 저격수
s+p → sp [스+ㅍ] [스프]	sp [스ㅍ]	+ in [인]	→	spin [스핀] 돌다
s+t → st [스+ㅌ] [스트]	st [스ㅌ]	+ ep [엡]	→	step [스텝] 발걸음
s+w → sw [스+우] [스우]	sw [스우]	+ eep [이-프]	→	sweep [스위-프] 쓸다

40

➜ 단어를 따라 쓰면서 말해보세요.

단어	따라 쓰기		
school [스쿠-울] 학교	school		
schedule [스케줄] 스케줄	schedule		
scale [스케일] 눈금	scale		
screen [스크리-인] 스크린	screen		
scuba [스큐-버] 스쿠버	scuba		
score [스코-] 점수	score		

➜ 단어를 따라 쓰면서 말해보세요.

skirt
[스커-트] 스커트
skirt

skate
[스케이트] 스케이트
skate

skunk
[스컹크] 스컹크
skunk

sky
[스카이] 하늘
sky

ski
[스키-] 스키
ski

skin
[스킨] 피부
skin

40

➜ 단어를 따라 쓰면서 말해보세요.

small [스몰] 작은	small		
smile [스마일] 미소 짓다	smile		
smell [스멜] 냄새 맡다	smell		
smoke [스모욱] 연기	smoke		
smooth [스무쓰] 매끄러운	smooth		
smart [스마-트] 영리한	smart		

➜ 단어를 따라 쓰면서 말해보세요.

snow
[스노우] 눈

snake
[스네잌] 뱀

snack
[스냌] 스낵

snail
[스네일] 달팽이

snap
[스냎] 스냅

sniper
[스나이퍼] 저격수

40

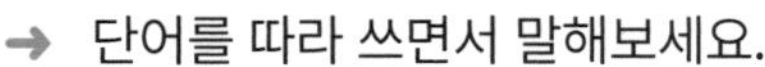
→ 단어를 따라 쓰면서 말해보세요.

spoon [스푸-운] 숟가락	spoon		
spring [스프링] 봄	spring		
spell [스펠] 철자하다	spell		
spec [스펙] 설명서, 사양	spec		
spa [스파] 온천	spa		
spin [스핀] 돌다	spin		

➜ 단어를 따라 쓰면서 말해보세요.

stop
[스탚] 멈추다
stop

stove
[스토우브] 스토브
stove

stone
[스토운] 돌
stone

start
[스타-트] 출발하다
start

stick
[스틱] 막대기
stick

step
[스텦] 발걸음
step

40

➜ 단어를 따라 쓰면서 말해보세요.

swim
[스윔] 헤엄치다
swim

sweet
[스위-트] 달콤하다
sweet

swing
[스윙] 흔들리다
swing

swamp
[스왐프] 늪
swamp

switch
[스위취] 스위치
switch

sweep
[스위-프] 쓸다
sweep

연습문제

A 한글 발음과 그 뜻을 보고 단어에 맞는 발음을 빈칸에 써넣으세요.

1 ____ore [스코-] 점수

2 ____y [스카이] 하늘

3 ____hool [스쿠-울] 학교

4 ____itch [스위취] 스위치

5 ____art [스마-트] 영리한

6 ____ring [스프링] 봄

7 ____i [스키-] 스키

8 ____eet [스위-트] 달콤하다

9 ____op [스탚] 멈추다

10 ____ow [스노우] 눈

B 그림을 보고 단어에 맞는 발음을 빈칸에 써넣으세요.

1 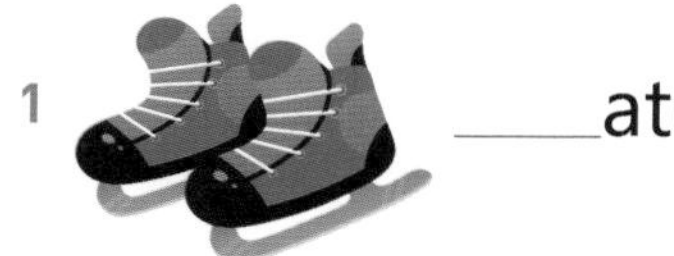 ____ate

2  ____reen

3  ____oon

4  ____ail

5  ____im

6  ____one

해답
A 1. sc 2. sk 3. sc 4. sw 5. sm 6. sp 7. sk 8. sw 9. st 10. sn
B 1. sk 2. sc 3. sp 4. sn 5. sw 6. st

41

n 다음에 다른 자음이 오면 뒤의 자음에 따라 응 또는 은으로 소리가 나죠.

n+자음 / _ng _nk _nd _nt
c+자음 / _ck

_n+g → _ng [느+ㄱ] [응]	**du** [더]	+ **ng** [ㅇ]	→	**dung** [덩] 똥
_n+k → _nk [느+ㅋ] [응크]	**bla** [블래]	+ **nk** [ㅇ크]	→	**blank** [블랭크] 빈
_n+d → _nd [느+ㄷ] [은드]	**fi** [파이]	+ **nd** [ㄴ드]	→	**find** [파인드] 찾다
_n+t → _nt [느+ㅌ] [은트]	**discou** [디스카우]	+ **nt** [ㄴ트]	→	**discount** [디스카운트] 할인
_c+k → _ck [크+ㅋ] [ㅋ]	**ne** [네]	+ **ck** [ㅋ]	→	**knock** [넥] 목

_ng
[응]

➜ 단어를 따라 쓰면서 말해보세요.

sing [씽] 노래하다	sing		
ring [링] 반지	ring		
king [킹] 왕	king		
young [영] 젊은	young		
bring [브링] 가져오다	bring		
dung [덩] 똥	dung		

41

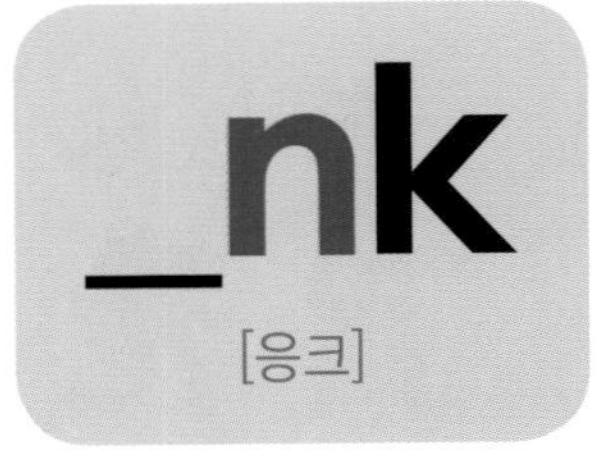

→ 단어를 따라 쓰면서 말해보세요.

단어			
pink [핑크] 분홍색	pink		
sink [씽크] 가라앉다	sink		
drink [드링크] 마시다	drink		
tank [탱크] (물)탱크	tank		
bank [뱅크] 은행	bank		
blank [블랭크] 빈	blank		

➜ 단어를 따라 쓰면서 말해보세요.

hand [핸드] 손	hand		
sound [싸운드] 소리	sound		
band [밴드] 밴드	band		
tend [텐드] 돌보다	tend		
mind [마인드] 마음	mind		
find [파인드] 찾다	find		

41

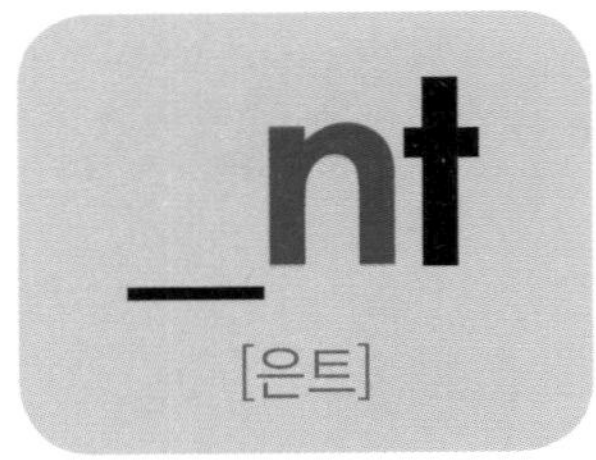

➜ 단어를 따라 쓰면서 말해보세요.

ant
[앤트] 개미

ant

tent
[텐트] 텐트

tent

plant
[플랜트] 식물

plant

cent
[쎈트] 센트

cent

count
[카운트] 세다

count

discount
[디스카운트] 할인

discount

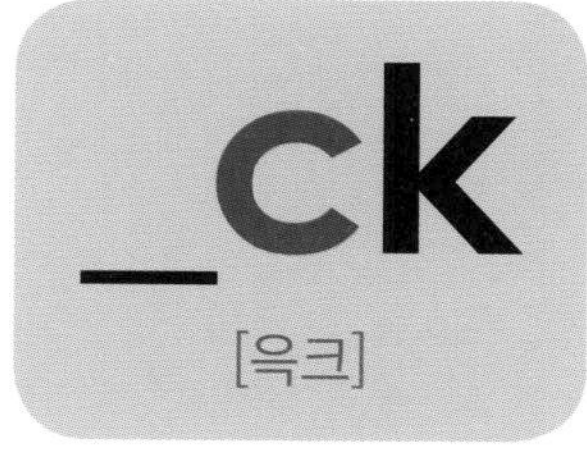

➜ 단어를 따라 쓰면서 말해보세요.

sick [씩] 아픈	sick		
neck [넥] 목	neck		
rock [락] 바위	rock		
thick [씩] 두꺼운	thick		
brick [브릭] 벽돌	brick		
knock [나-악] 노크하다	knock		

연습문제

A 한글 발음과 그 뜻을 보고 단어에 맞는 발음을 빈칸에 써넣으세요.

1 cou_____ [카운트] 세다

2 pi_____ [핑크] 분홍색

3 si_____ [씽] 노래하다

4 sou_____ [싸운드] 소리

5 dri_____ [드링크] 마시다

6 ro_____ [랔] 바위

7 te_____ [텐트] 텐트

8 you_____ [영] 젊은

9 mi_____ [마인드] 마음

10 bri_____ [브릭] 벽돌

B 그림을 보고 단어에 맞는 발음을 빈칸에 써넣으세요.

1 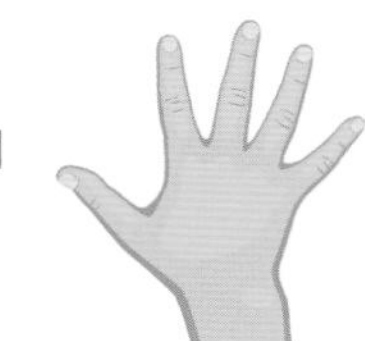 ha_____

2  ki_____

3  a_____

4  ba_____

5  ne_____

6  ri_____

해답 A 1. nt 2. nk 3. ng 4. nd 5. nk 6. ck 7. nt 8. ng 9. nd 10. ck
B 1. nd 2. ng 3. nt 4. nk 5. ck 6. ng

Part

5

이중모음

Double Vowels

ai ay ee ea ie ie oa

ow ou ow

oi oy 단음 oo 장음 oo au

aw ew ew ui ue

ar or or ir er ur

이중모음이란 모음 두 개가 나란히 붙어 있는 것을 말해요.

앞서 배운 단모음은 발음하는 동안 음의 성질이 바뀌지 않지만, 이중모음은 한 음절에서 다른 지점으로 연속으로 미끄러져 가면서 합쳐지는 소리예요.

42

ai ay ee ea ie oa ow ou

a+i → ai [에이]	n [ㄴ]	+ ail [에일]	→	nail [네일] 손톱
a+y → ay [에이]	gr [그ㄹ]	+ ay [에이]	→	gray [그레이] 회색
e+e → ee [이-]	m [ㅁ]	+ eet [이-트]	→	meet [미-트] 만나다
e+a → ea [이-]	r [ㄹ]	+ ead [이-드]	→	read [리-드] 읽다
i+e → ie [아이]	l [ㄹ]	+ ie [아이]	→	lie [라이] 눕다
i+e → ie [이-]	p [ㅍ]	+ iece [이-쓰]	→	piece [피-쓰] 조각
o+a → oa [오우]	b [ㅂ]	+ oat [오우트]	→	boat [보우트] 보트
o+w → ow [오우]	wind [윈ㄷ]	+ ow [오우]	→	window [윈도우] 창문
o+u → ou [아우]	h [ㅎ]	+ ouse [아우스]	→	house [하우스]
o+w → ow [아우]	t [ㅌ]	+ own [아운]	→	town [타운] 시내

모음 **a** 뒤에 모음 **i**가 오면 앞의 **a**는 길게 발음되며
뒤의 모음 **i**는 소리가 나지 않아요.

➜ 단어를 따라 쓰면서 말해보세요.

단어			
rain [레인] 비	rain		
mail [메일] 편지	mail		
train [트레인] 기차	train		
nail [네일] 손톱	nail		
paint [페인트] 페인트	paint		
snail [스네일] 달팽이	snail		

42

모음 **a** 뒤에 모음 **y**가 오면 앞의 **a**는 길게 발음되며 뒤의 모음 **y**는 소리가 나지 않죠.

➜ 단어를 따라 쓰면서 말해보세요.

day [데이] 낮, 하루	day		
say [쎄이] 말하다	say		
gray [그레이] 회색	gray		
play [플레이] 놀다	play		
pay [페이] 지불하다	pay		
spray [스프레이] 스프레이	spray		

모음 **e** 뒤에 **e**가 겹쳐지면 앞의 **e**는 길게 발음되며
뒤의 모음 **e**는 소리가 나지 않아요.

➜ 단어를 따라 쓰면서 말해보세요.

meet
[미-트] 만나다
meet

see
[씨-] 보다
see

sleep
[슬리-프] 잠자다
sleep

tree
[트리-] 나무
tree

green
[그리-인] 녹색
green

bee
[비-] 벌
bee

42

ea
[이-]

모음 **e** 뒤에 **a**가 오면 앞의 **e**는 길게 발음되며
뒤의 모음 **a**는 소리가 나지 않죠.

→ 단어를 따라 쓰면서 말해보세요.

meat [미-트] 고기	meat		
read [리-드] 읽다	read		
eat [이-트] 먹다	eat		
sea [씨-] 바다	sea		
speak [스피-크] 말하다	speak		
peach [피-취] 복숭아	peach		

모음 **i** 뒤에 모음 **e**가 오면 앞의 **i**는 길게 발음되며
뒤의 **e**는 소리가 나지 않아요.

➜ 단어를 따라 쓰면서 말해보세요.

die
[다이] 죽다

lie
[라이] 눕다

pie
[파이] 파이

tie
[타이] 묶다

tried
[트라이드] 노력했다

42

앞의 모음 i는 소리가 나지 않고
뒤의 모음 e가 길게 소리 나는 경우도 있어요.

➜ 단어를 따라 쓰면서 말해보세요.

niece
[니-쓰] 조카딸

niece

piece
[피-쓰] 조각

piece

chief
[취-프] 두목

chief

thief
[씨-프] 도둑

thief

field
[피-일드] 들판

field

모음 **o** 뒤에 모음 **a**가 오면 앞의 **o**는 길게 발음되며
뒤의 모음 **a**는 소리가 나지 않아요.

→ 단어를 따라 쓰면서 말해보세요.

boat [보우트] **보트**	boat		
coat [코우트] **코트**	coat		
road [로우드] **길**	road		
soap [소윞] **비누**	soap		
toast [토우스트] **토스트**	toast		
toad [토우드] **두꺼비**	toad		

모음 **o** 뒤에 **w**가 오면 앞의 **o**는 길게 발음되며
뒤의 **w**는 소리가 나지 않죠.

→ 단어를 따라 쓰면서 말해보세요.

grow [그로우] 성장하다	grow		
pillow [필로우] 베개	pillow		
yellow [옐로우] 노란색	yellow		
window [윈도우] 창문	window		
snow [스노우] 눈	snow		
bowl [보울] 그릇	bowl		

ou는 모음 **o**와 **u**가 겹쳐져 있지만 장모음이 되지 않고
뒤의 모음도 탈락하지 않아요.

→ 단어를 따라 쓰면서 말해보세요.

house [하우스] 집	house		
blouse [블라우스] 블라우스	blouse		
sound [싸운드] 소리	sound		
ground [그라운드] 운동장	ground		
mouse [마우스] 쥐	mouse		
shout [샤우트] 외치다	shout		

ow
[아우]

ow는 모음 **o**와 **w**가 겹쳐져 있지만 장모음이 되지 않고 뒤의 모음도 탈락하지 않죠.

→ 단어를 따라 쓰면서 말해보세요.

cow
[카우] 소
cow

brown
[브라운] 갈색
brown

crown
[크라운] 왕관
crown

down
[다운] 아래로
down

towel
[타월] 타월
towel

town
[타운] 시내
town

연습문제

A 한글 발음과 그 뜻을 보고 단어에 맞는 발음을 빈칸에 써넣으세요.

1 m____t [미-트] 고기

2 r____n [레인] 비

3 c______ [카우] 소

4 p_____ [파이] 파이

5 tr______ [트리-] 나무

6 p____ce [피-스] 조각

7 t_____st [토우스트] 토스트

8 spr______ [스프레이] 스프레이

9 h_____se [하우스] 집

10 wind______ [윈도우] 창문

B 그림을 보고 단어에 맞는 발음을 빈칸에 써넣으세요.

1  sn____l

2  b_____

3   p_____ch

4  b_____t

5   pill______

6 m_____se

해답 A 1. ea 2. ai 3. ow 4. ie 5. ee 6. ie 7. oa 8. ay 9. ou 10 ow
B 1. ai 2. ee 3. ea 4. oa 5. ow 6. ou

43

oi oy oo au aw ew ui ue

o+i → oi [오이]	c [ㅋ] + oin [오인]	→ coin [코인] 동전
o+y → oy [오이]	b [ㅂ] + oy [오이]	→ boy [보이] 소년
o+o → oo [우]	b [ㅂ] + ook [욱]	→ book [북] 책
o+o → oo [우-]	m [ㅁ] + oon [우-운]	→ moon [무-운] 달
a+u → au [오-]	au [오-] + to [토우]	→ auto [오-토우] 자동차
a+w → aw [오-]	dr [드ㄹ] + aw [오-]	→ draw [드로-] 그리다
e+w → ew [우-]	scr [스크ㄹ] + ew [우-]	→ screw [스크루-] 나사(못)
e+w → ew [유-]	n [ㄴ] + ew [유-]	→ new [뉴-] 새로운
u+i → ui [우-]	jui [주-] + ce [스]	→ juice [주-스] 주스
u+e → ue [우-/유-]	bl [블] + ue [우-]	→ blue [블루-] 파란색

모음 o 뒤에 i가 오면 입모양을 둥글게 하여
아와 오의 중간 소리로 오이라고 발음해요.

➜ 단어를 따라 쓰면서 말해보세요.

boil [보일] 끓이다	boil		
coin [코인] 동전	coin		
soil [쏘일] 흙	soil		
join [조인] 결합하다	join		
noise [노이즈] 소음	noise		
point [포인트] 요점	point		

43

모음 **o** 뒤에 **y**가 오면 입모양을 둥글게 하여
아와 오의 중간 소리로 오이라고 발음해요.

➜ 단어를 따라 쓰면서 말해보세요.

boy [보이] 소년	boy		
toy [토이] 장난감	toy		
joy [조이] 기쁨	joy		
enjoy [인조이] 즐기다	enjoy		
oyster [오이스터ㄹ] 굴	oyster		
soy [쏘이] 간장	soy		

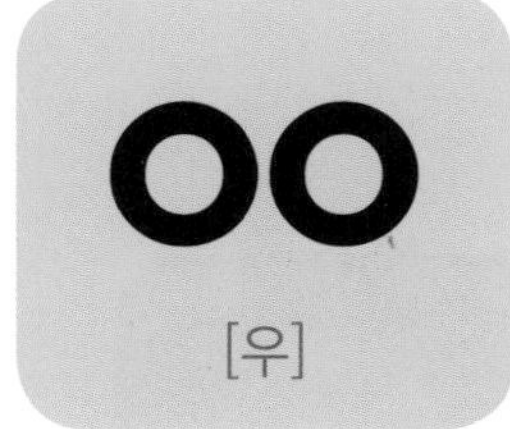

단음 [우]

o가 두 개 겹치면 우 하고 짧게 소리가 나는 경우가 있어요.

➜ 단어를 따라 쓰면서 말해보세요.

book [북] 책	book		
foot [풑] 발	foot		
good [굳] 좋은	good		
cook [쿸] 요리하다	cook		
look [뤀] 보다	look		
cookie [쿠키] 쿠키	cookie		

43

장음 [우-]

o가 두 개 겹치면 우- 하고 길게 빼서 발음하기도 해요.

➜ 단어를 따라 쓰면서 말해보세요.

moon
[무-운] 달
moon

school
[스쿠-울] 학교
school

tooth
[투-쓰] 이, 치아
tooth

pool
[푸-울] 수영장
pool

spoon
[스푸-운] 숟가락
spoon

goose
[구-스] 거위
goose

모음 **a** 뒤에 모음 **u**가 오면
앞의 **a**는 오- 하고 길게 소리가 나죠.

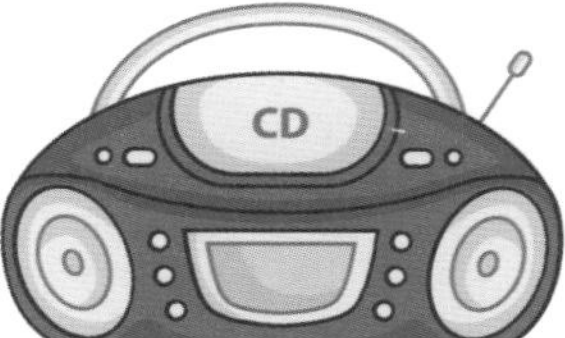

➜ 단어를 따라 쓰면서 말해보세요.

audio [오-디오우] 오디오	audio		
auto [오-토우] 자동차	auto		
fault [포-올트] 과실	fault		
auction [오-욱션] 경매	auction		
autumn [오-텀] 가을	autumn		
August [오-거스트] 8월	August		

43

모음 **a** 뒤에 **w**가 오면
앞의 **a**는 오- 하고 길게 소리가 나죠.

➜ 단어를 따라 쓰면서 말해보세요.

awful
[오-플] 끔찍한
awful

saw
[쏘-] 톱
saw

paw
[포-] (동물의) 발
paw

straw
[스토로-] 밀짚
straw

dawn
[도-운] 새벽
dawn

draw
[드로-] 그리다
draw

모음 **e** 뒤에 **w**가 오면
앞의 **e**는 우- 하고 길게 소리가 나요.

➜ 단어를 따라 쓰면서 말해보세요.

crew [크루-] 탑승원	crew		
grew [그루-] 성장했다	grew		
flew [플루-] 날았다	flew		
slew [슬루-] 비틀다	slew		
brew [브루-] (맥주 등을) 양조하다	brew		
screw [스크루-] 나사(못)	screw		

43

모음 **e** 뒤에 **w**가 오면
앞의 **e**는 유- 하고 길게 소리가 나죠.

→ 단어를 따라 쓰면서 말해보세요.

few
[퓨-] (수가) 많지 않은
few

dew
[듀-] 이슬
dew

new
[뉴-] 새로운
new

news
[뉴-스] 뉴스
news

stew
[스튜-] 스튜 <요리>
stew

view
[뷰-] 전망
view

ui

[우-]

모음 **u** 뒤에 모음 **i**가 오면 앞의 **u**는 길게 발음되며 뒤의 모음 **i**는 소리가 나지 않아요.

➜ 단어를 따라 쓰면서 말해보세요.

juice
[주-스] 주스
juice

fruit
[프루-트] 과일
fruit

suit
[수-트] 정장
suit

cruise
[크루-즈] 선상여행
cruise

guitar
[귀타-] 기타
guitar

recruit
[리크루-트] 모집하다
recruit

43

모음 **u** 뒤에 모음 **e**가 오면 앞의 **u**는 길게 발음되며
뒤의 모음 **e**는 소리가 나지 않아요.

➜ 단어를 따라 쓰면서 말해보세요.

단어	따라 쓰기		
blue [블루-] 파란색	blue		
clue [클루-] 실마리	clue		
due [듀-] 지급 기일이 된	due		
sue [슈-] 고소하다	sue		
hue [휴-] 빛깔	hue		
issue [이슈-] 쟁점	issue		

연습문제

A 한글 발음과 그 뜻을 보고 단어에 맞는 발음을 빈칸에 써넣으세요.

1 s____l [쏘일] 흙
2 c____kie [쿠키] 쿠키
3 enj____ [인조이] 즐기다
4 m____n [무-운] 달
5 ____dio [오-디오우] 오디오
6 dr____ [드로-] 그리다
7 cr____ [크루-] 탑승원
8 j____ce [주-스] 주스
9 vi____ [뷰-] 전망
10 bl____ [블루-] 파란색

B 그림을 보고 단어에 맞는 발음을 빈칸에 써넣으세요.

1  t____
2  b____k
3  c____n
4  n____s
5 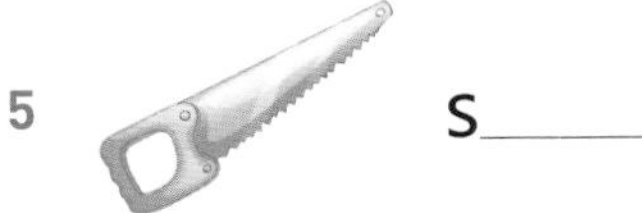 s____
6  g____se

해답 A 1. oi 2. oo 3. oy 4. oo 5. au 6. aw 7. ew 8. ui 9. ew 10. ue
B 1. oy 2. oo 3. oi 4. ew 5. aw 6. oo

모음+r / ar or ir er ur

a+r → ar [아-ㄹ]	c [ㅋ] + ard [아-ㄹ드]	→	card [카ㄹ-드] 카드
o+r → or [오-ㄹ]	p [ㅍ] + ork [오-ㄹ크]	→	pork [포-ㄹ크] 포크
o+r → or [어ㄹ]	doct [닥ㅌ] + or [어ㄹ]	→	doctor [닥터ㄹ] 의사
i+r → ir [어-ㄹ]	b [ㅂ] + ird [어-ㄹ드]	→	bird [버-ㄹ드] 새
e+r → er [어ㄹ]	pap [페이ㅍ] + er [어ㄹ]	→	paper [페이퍼ㄹ] 종이
u+r → ur [어-ㄹ]	f [ㅍ] + ur [어-ㄹ]	→	fur [퍼-ㄹ] 모피, 털

모음 **a**에 **r**이 이어지면 아-ㄹ로 소리가 나요.

➜ 단어를 따라 쓰면서 말해보세요.

car [카-ㄹ] 자동차	car		
arm [아-ㄹ암] 팔	arm		
card [카-ㄹ드] 카드	card		
star [스타-ㄹ] 별	star		
park [파-ㄹ크] 공원	park		
dart [다-ㄹ트] 다트	dart		

44

모음 **o**에 **r**이 이어지면 오-ㄹ로 소리가 나요.

→ 단어를 따라 쓰면서 말해보세요.

short
[쇼-ㄹ트] 짧은
short

fork
[포-ㄹ크] 포크
fork

corn
[코-ㄹ온] 옥수수
corn

pork
[포-ㄹ크] 돼지고기
pork

store
[스토-ㄹ어] 가게
store

horse
[호-ㄹ스] 말
horse

or

[어ㄹ]

모음 o에 r이 이어지면 어ㄹ로 소리가 나기도 해요.

➜ 단어를 따라 쓰면서 말해보세요.

doctor [닥터ㄹ] 의사	doctor		
visitor [비지터ㄹ] 방문자	visitor		
victor [빅터ㄹ] 승리자	victor		
factor [팩터ㄹ] 요인	factor		
major [메이저ㄹ] 주요한	major		
senior [시-니어ㄹ] 어르신	senior		

44

모음 **i** 뒤에 **r**이 오면 어-ㄹ로 길게 발음하며
r은 우리말의 ㄹ 받침처럼 쓰이죠.

→ 단어를 따라 쓰면서 말해보세요.

bird [버-ㄹ드] 새	bird		
girl [거-ㄹ얼] 소녀	girl		
shirt [셔-ㄹ트] 셔츠	shirt		
skirt [스커-ㄹ트] 스커트	skirt		
dirt [더-ㄹ트] 더러움	dirt		
circle [써-ㄹ클] 원형	circle		

모음 **e** 뒤에 **r**이 오면 어ㄹ로 발음하며
r은 우리말의 ㄹ 받침처럼 쓰여요.

➜ 단어를 따라 쓰면서 말해보세요.

water [워터ㄹ] 물	water		
paper [페이퍼ㄹ] 종이	paper		
flower [플라워ㄹ] 꽃	flower		
letter [레터ㄹ] 편지	letter		
teacher [티-처ㄹ] 교사	teacher		
river [리버ㄹ] 강	river		

44

모음 **u** 뒤에 **r**이 오면 어-ㄹ로 길게 발음하며
r은 우리말의 ㄹ 받침처럼 쓰여요.

➜ 단어를 따라 쓰면서 말해보세요.

hurt
[허-ㄹ트] 상처 내다
hurt

fur
[퍼-ㄹ] 모피, 털
fur

purple
[퍼-ㄹ플] 보라색
purple

nurse
[너-ㄹ스] 간호사
nurse

turtle
[터-ㄹ틀] 거북이
turtle

turn
[터-ㄹ언] 돌다
turn

연습문제

A 한글 발음과 그 뜻을 보고 단어에 맞는 발음을 빈칸에 써넣으세요.

1 sh___t [셔-ㄹ트] 셔츠
2 st___e [스토-ㄹ어] 가게
3 visit___ [비지터ㄹ] 방문자
4 c___ [카-ㄹ] 자동차
5 p___k [포-ㄹ크] 돼지고기
6 n___se [너-ㄹ스] 간호사
7 teach___ [티-처ㄹ] 교사
8 p___ple [퍼-ㄹ플] 보라색
9 c___cle [써-ㄹ클] 원형
10 p___k [파-ㄹ크] 공원

B 그림을 보고 단어에 맞는 발음을 빈칸에 써넣으세요.

1  st___

2  doct___

3  f___k

4  b___d

5  t___tle

6  flow___

해답 A 1. ir 2. or 3. or 4. ar 5. or 6. ur 7. er 8. ur 9. ir 10. ar
B 1. ar 2. or 3. or 4. ir 5. ur 6. er

Part

6

묵음 Silent Syllable

b g h k l n p/s

t w gh

묵음이란 단어에는 분명히 글자가 있지만 실제로는 소리가 나지 않는 것을 말합니다.

현재 우리가 묵음으로 알고 있는 것들 대부분은 예전에 그 단어가 만들어졌을 때는 발음을 했던 것들입니다. 물론 비슷한 소리의 단어를 구분하기 위한 철자가 들어간 것도 있습니다. 다만, 세월이 흘러 사람들이 발음하기 힘든 것들을 생략하면서 그 편리함 때문에 묵음으로 변하기 시작했고 많이 쓰이는 것들은 묵음이 표준으로 인식되게 된 겁니다.

b [×]	co [코]	+ mb [움]	→	comb [코움] 빗
g+n → gn [ㄴ]	si [싸이]	+ gn [ㄴ]	→	sign [싸인] 사인
h [×]	h	+ our [아워]	→	hour [아워] 시간
k+n → kn [ㄴ]	kni [나이]	+ fe [프]	→	knife [나이프] 칼
l [×]	ha [하-]	+ lf [프]	→	half [하-프] 절반
m+n → mn [ㅁ]	au [오-]	+ tumn [텀]	→	autumn [오-텀] 가을
p [×]	emp [엠]	+ ty [티]	→	empty [엠티] 비어 있는
s [×]	is [아이]	+ land [런드]	→	island [아일런드] 섬
t [×]	lis [리쓰]	+ ten [은]	→	listen [리쓴] 듣다
w [×]	wr [ㄹ]	+ ist [이스트]	→	wrist [리스트] 손목
gh [×]	ni [나이]	+ ght [트]	→	night [나이트]

단어의 끝에 오는 **b**는
묵음이 되는 경우가 많아요.

➜ 단어를 따라 쓰면서 말해보세요.

comb [코움] 빗	comb		
climb [클라임] 오르다	climb		
bomb [바-암] 폭탄	bomb		
lamb [램] 어린 양	lamb		
doubt [다웉] 의심	doubt		
thumb [썸] 엄지손가락	thumb		

45

g가 **n**과 함께 쓰일 때는
g는 주로 묵음이 되어요.

➜ 단어를 따라 쓰면서 말해보세요.

sign
[싸인] 사인
sign

design
[디자인] 디자인
design

gnaw
[너-] 갉다
gnaw

gnash
[내쉬] 이를 갈다
gnash

gnarl
[나-얼] (나무) 옹이
gnarl

foreign
[포-린] 외국의
foreign

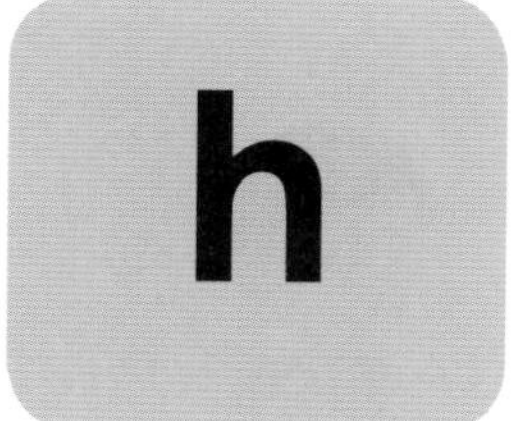

모음 **o i y**가 **h**와 함께 쓰일 때
묵음이 되는 경우가 많아요.

➜ 단어를 따라 쓰면서 말해보세요.

hour [아워] 한 시간	hour		
honor [아너] 명예	honor		
honest [아니스트] 정직한	honest		
heir [에어] 상속인	heir		
rhyme [라임] 운, 음운	rhyme		
yacht [야-트] 요트	yacht		

45

k는 **n**의 앞에서 묵음이 되어요.

➜ 단어를 따라 쓰면서 말해보세요.

knee
[니-] 무릎
knee

knife
[나이프] 칼
knife

know
[노우] 알다
know

knock
[나-악] 두드리다
knock

knowledge
[날리쥐] 지식
knowledge

knight
[나이트] (중세) 기사
knight

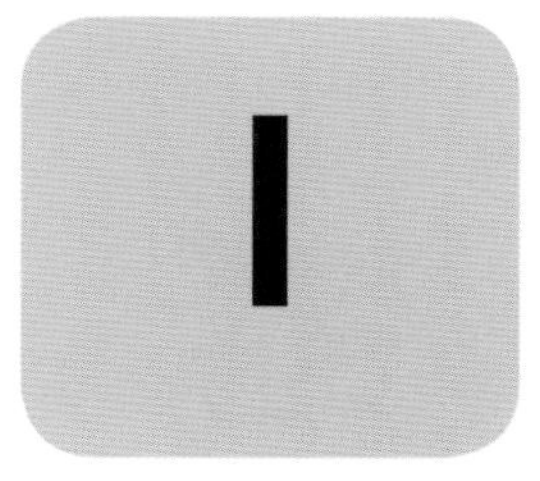

l은 **d k f m** 앞에서 묵음이 되곤 해요.

➜ 단어를 따라 쓰면서 말해보세요.

could
[쿠드] 할 수 있었다
could

walk
[워-크] 걷다
walk

talk
[토-크] 말하다
talk

half
[해프] 절반
half

palm
[파-암] 손바닥
palm

salmon
[새먼] 연어
salmon

45

n은 **m** 뒤에서 묵음이 되어요.

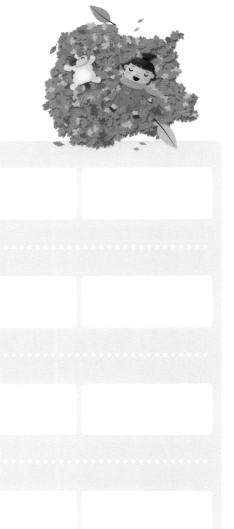

→ 단어를 따라 쓰면서 말해보세요.

autumn [오-텀] 가을	autumn		
column [카-알럼] 칼럼	column		
damn [댐] 비난하다	damn		
solemn [싸-럼] 엄숙한	solemn		
condemn [컨뎀] 나무라다	condemn		
government [거버ㄹ먼트] 정부	government		

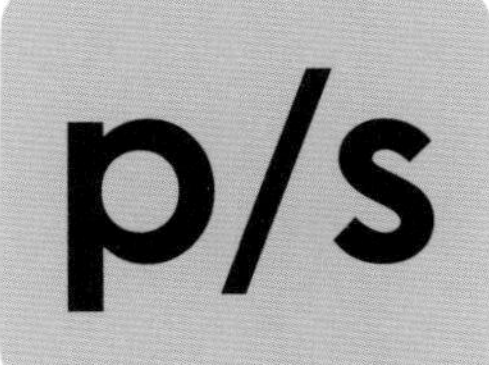

p는 s t n 앞에서 묵음이 되기도 해요.
s묵음은 어원 때문에 생긴 것으로 극히 드물어요.

➜ 단어를 따라 쓰면서 말해보세요.

corps [코-] 군단	corps		
psalm [싸-암] 찬송가	psalm		
receipt [리씨-트] 영수증	receipt		
empty [엠티] 비어 있는	empty		
aisle [아일] 통로	aisle		
island [아일런드] 섬	island		

45

t는 어미로 사용될 때
f 뒤나 **s** 뒤에서 묵음이 되기도 해요.

➜ 단어를 따라 쓰면서 말해보세요.

soften
[쏘-픈] 부드러운
softon

fasten
[패쓴] 묶다
fasten

listen
[리쓴] 듣다
listen

castle
[캐쓸] 성
castle

christmas
[크리쓰머쓰] 크리스마스
christmas

often
[오픈] 자주
often

w는 단어의 맨 앞에 오거나
r이나 **h**와 같이 쓰일 때 묵음이 되어요.

➜ 단어를 따라 쓰면서 말해보세요.

wrist
[리스트] 손목
wrist

wrap
[랩] 감싸다
wrap

writer
[라이터] 작가
writer

answer
[앤서] 대답
answer

wrestling
[레슬링] 레슬링
wrestling

wrong
[롱] 틀린
wrong

45

gh는 주로 **t** 앞에서 묵음이 되어요. 또한
gh는 묵음이 되기도 하지만 프 소리로 변할 경우도 있어요.

→ 단어를 따라 쓰면서 말해보세요.

night [나이트] 밤	night		
light [라이트] 빛	light		
daughter [도-터] 딸	daughter		
enough [이너프] 충분한	enough		
laugh [래프] 웃다	laugh		
rough [러프] 거친	rough		

연습문제

A 한글 발음과 그 뜻을 보고 단어에 맞는 발음을 빈칸에 써넣으세요.

1 desi___n [디자인] 디자인

2 ___nee [니-] 무릎

3 com___ [코움] 빚

4 recei___t [리씨-트] 영수증

5 lis___en [리쓴] 듣다

6 ___rist [리스트] 손목

7 i___land [아일런드] 섬

8 ni______t [나잍] 밤

9 wa___k [워-크] 걷다

10 autum___ [오-텀] 가을

B 그림을 보고 단어에 맞는 발음을 빈칸에 써넣으세요.

1  thum___

2  si___n

3  yac___t

4  ___nife

5  pa___m

6  cas___le

해답 A 1. g 2. k 3. b 4. p 5. t 6. w 7. s 8. gh 9. l 10. n
B. 1. b 2. g 3. h 4. k 5. l 6. t

Part 7

발음기호

자음을 나타내는 발음기호 Consonants

모음을 나타내는 발음기호 Vowels

단어를 읽기 위해서는 일정한 발음 규칙이 필요한데, 이것을 기호로 나타낸 것이 발음기호예요.

발음기호는 [ ] 안에 표기를 하며 이러한 것들이 어떤 소리를 내는지 알면 단어를 정확하게 읽을 수 있어요.
※물론 앞서 배운 파닉스를 제대로 익히면 발음기호 없이도 단어를 읽고 쓸 수 있죠.
자음(Consonant)이란 발음을 할 때 공기가 혀나 입, 입술, 입천장 등에 부딪히며 나는 소리예요. 자음은 k, p, t처럼 성대가 울리지 않는 무성음과 b, d, g와 같이 성대가 울리는 유성음으로 구성되어 있어요.

46

자음을 나타내는 발음기호

[b] 브 [d] 드 [f] 프 [g] 그 [h] 흐

→ 단어를 따라 쓰면서 말해보세요.

[b] 브/ㅂ	book [buk] 북 책	book	
[d] 드/ㄷ	dream [driːm] 드리-임 꿈	dream	
[f] 프/ㅍ	face [feis] 페이스 얼굴	face	
[g] 그/ㄱ	girl [gəːrl] 거-ㄹ얼 소녀	girl	
[h] 흐/ㅎ	hair [hɛər] 헤어ㄹ 머리카락	hair	

[k] 크　[l] 르　[m] 므　[n] 느　[p] 프

➜ 단어를 따라 쓰면서 말해보세요.

[k] 크/ㅋ	king [kiŋ] 킹 왕	king	
[l] 르/ㄹ	lion [láən] 라이언 사자	lion	
[m] 므/ㅁ	mail [meil] 메일 편지	mail	
[n] 느/ㄴ	nose [nouz] 노우즈 코	nose	
[p] 프/ㅍ	pig [pig] 피그 돼지	pig	

46

[r] 르 [s] 스 [t] 트 [v] 브 [z] 즈

➜ 단어를 따라 쓰면서 말해보세요.

[r] 르/ㄹ	**rose** [rouz] 로우즈 장미	rose	
[s] 스/ㅅ,ㅆ	**sun** [sʌn] 썬 해	sun	
[t] 트/ㅌ	**tie** [tai] 타이 넥타이	tie	
[v] 브/ㅂ	**violin** [vàiəlín] 바이얼린 바이올린	violin	
[z] 즈/ㅈ	**zoo** [zuː] 주- 동물원	zoo	

[θ] 쓰 [ð] 드 [ʃ] 쉬 [ʒ] 쥐 [dʒ] 쥐

➜ 단어를 따라 쓰면서 말해보세요.

발음	단어	따라 쓰기	
[θ] 쓰	three [θriː] 쓰리- 셋	three	
[ð] 드	brother [brʌ́ðər] 브러더ㄹ 형제	brother	
[ʃ] 쉬	shark [ʃɑːrk] 샤-ㄹ크 상어	shark	
[ʒ] 쥐	television [télivìʒn] 텔리비즌 텔레비전	television	
[dʒ] 쥐	jean [dʒiːn] 쥐-인 청바지	jean	

반자음

[tʃ] 취 [ŋ] 응 / [j] 이 [w] 우

➜ 단어를 따라 쓰면서 말해보세요.

[tʃ] 취	**chocolate** [tʃɑ:klit]] 차-클릿 초콜릿	chocolate	
[ŋ] 응	**song** [sɔ:ŋ] 쏘-옹 노래	song	
[j] 이	**yes** [jes] 예스 네 <대답>	yes	
[w] 우	**wood** [wud] 우드 나무	wood	
[w] 우	**week** [wi:k] 위-크 주, 일주일	week	

모음을 나타내는 발음기호

[ɑ] 아 [ʌ] 어 [ə] 어 [ɔ] 오 [u] 우

➜ 단어를 따라 쓰면서 말해보세요.

[ɑ] 아	box [bɑs] 박스 상자	box	
[ʌ] 어	cup [kʌp] 컾 컵	cup	
[ə] 어	gorilla [gəlíə] 거릴러 고릴라	gorilla	
[ɔ] 오	boy [bɔi] 보이 보소년	boy	
[u] 우	cook [kuk] 쿡 요리사	cook	

47

장모음

[i] 이 [e] 에 [æ] 애 / [ɑː] 아- [ɑːr] 아-ㄹ

➜ 단어를 따라 쓰면서 말해보세요.

[i] 이	milk [milk] 밀크 우유	milk
[e] 에	melon [melən] 멜런 멜론	melon
[æ] 애	cat [kæt] 캗 고양이	cat
[ɑː] 아-	father [fáːðər] 파-더ㄹ 아버지	father
[ɑːr] 아-ㄹ	bar [baːr] 바-ㄹ 막대기	bar

[əːr] 어-르 [ɔː] 오- [ɔ́ːr] 오-르 [uː] 우- [iː] 이-

➜ 단어를 따라 쓰면서 말해보세요.

[əːr] 어-르	bird [bəːrd] 버-르드 새	bird	
[ɔː] 오-	dog [dɔːg] 도-그 개	dog	
[ɔ́ːr] 오-르	morning [mɔ́ːrniŋ] 모-르닝 아침	morning	
[uː] 우-	movie [múːvi] 무-비 영화	movie	
[iː] 이-	teacher [tíːʃər] 티-춰ㄹ 선생님	teacher	

이중모음

[ai] 아이 [au] 아우 [ɔi] 오이 [ou] 오우 [ei] 에이

→ 단어를 따라 쓰면서 말해보세요.

발음	단어	따라 쓰기	
[ai] 아이	pilot [páilət] 파일럳 조종사	pilot	
[au] 아우	house [haus] 하우스 집	house	
[ɔi] 오이	toy [tɔi] 토이 장난감	toy	
[ou] 오우	boat [bout] 보우트 보트	boat	
[ei] 에이	baker [béikər] 베이커ㄹ 제빵사	baker	

[ɛə*r*] 에어ㄹ [uə*r*] 우어ㄹ [iə*r*] 이어ㄹ

➜ 단어를 따라 쓰면서 말해보세요.

발음	단어	따라 쓰기	
[ɛə*r*] 에어ㄹ	airport [έə*r*pɔ̀ː*r*t] 에어ㄹ포-ㄹ트 공항	airport	
[uə*r*] 우어ㄹ	poor [puə*r*] 푸어ㄹ 가난한	poor	
[uə*r*] 우어ㄹ	tour [tuə*r*] 투어ㄹ 관광	tour	
[iə*r*] 이어ㄹ	ear [iə*r*] 이어ㄹ 귀	ear	
[iə*r*] 이어ㄹ	clear [kliə*r*] 클리어ㄹ 깨끗한	clear	

알파벳 필기체

Aa	Bb	Cc	Dd
에이	비-	씨-	디-
Ee	Ff	Gg	Hh
이-	에프	쥐-	에이취
Ii	Jj	Kk	Ll
아이	줴이	케이	엘
Mm	Nn	Oo	Pp
엠	엔	오우	피-
Qq	Rr	Ss	Tt
큐-	아알	에쓰	티-
Uu	Vv	Ww	Xx
유-	뷔-	더블유	엑쓰
Yy	Zz		
와이	지-		

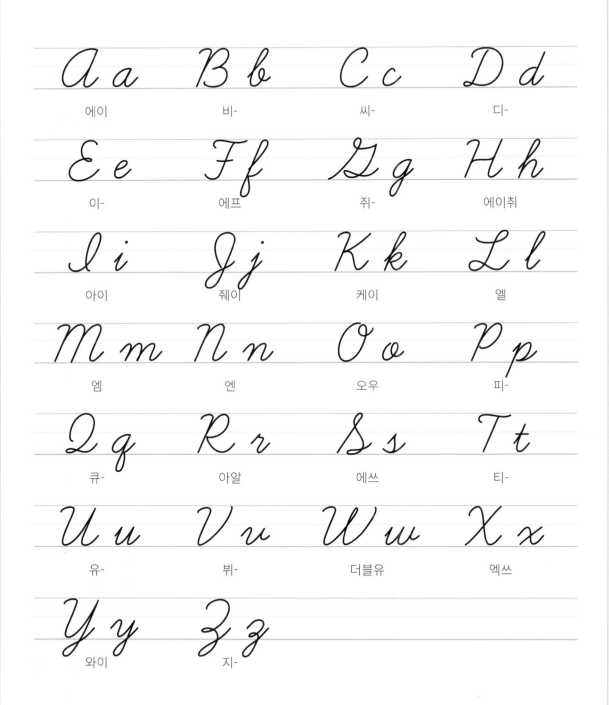